家庭教育艺术
JIAOYU YISHU

U0459254

好性格
让孩子受用终生

衡孝芬 / 编著

民主与建设出版社

图书在版编目（C I P）数据

好性格让孩子受用终生 / 衡孝芬编著. -- 北京：

民主与建设出版社，2019.11

（家庭教育艺术）

ISBN 978-7-5139-2426-9

Ⅰ.①好… Ⅱ.①衡… Ⅲ.①性格—青少年教育—家

庭教育 Ⅳ.①G782

中国版本图书馆CIP数据核字(2019)第269556号

好性格让孩子受用终生

HAO XING GE RANG HAI ZI SHOU YONG ZHONG SHENG

出 版 人	李声笑
编　　著	衡孝芬
责任编辑	刘树民
封面设计	三石工作室
出版发行	民主与建设出版社有限责任公司
电　　话	（010）59417747 59419778
社　　址	北京市海淀区西三环中路10号望海楼E座7层
邮　　编	100142
印　　刷	三河市天润建兴印务有限公司
版　　次	2019年11月第1版
印　　次	2020年1月第1次印刷
开　　本	880毫米×1230毫米　　1/32
印　　张	30
字　　数	756千字
书　　号	ISBN 978-7-5139-2426-9
定　　价	198.00元（全六册）

注：如有印、装质量问题，请与出版社联系。

家庭教育通常是指在家庭生活中，由家长对其子女实施的教育。这里的家长主要是指父母，当然也包括其他家庭成员。家庭教育是父母有意识地通过自己的言传身教和家庭生活实践，对子女施以一定教育影响的社会活动。

人的一生中必须要接受三种教育，那就是家庭教育，学校教育和社会教育。每个孩子一出生，家庭教育就已经在无形中产生了。家庭教育是伴随其一生的教育，因此有一句话说"父母是孩子最好的老师"。想要培养孩子良好的心理素质和行为习惯，就必须经历这种不间断的教育过程。

苏联著名教育学家苏霍姆林斯基曾把孩子比作一块大理石，他说："把这块大理石塑造成一座雕像需要六位雕塑家：一是家庭，二是学校，三是儿童所在的集体，四是儿童本人，五是书籍，六是偶然出现的因素。"从排列顺序上看，家庭被列在首位，可以看出家庭教育在这位教育学家心中占据相当重要的地位。

家庭教育是一门艺术，家庭教育的好坏常常影响一个孩子的一生，一个人在未来能否取得大的成就在很大程度上取决于其家庭教育的好坏。纵观古今，一个人的发展受成长环境的影响极大，往往各个领域的优秀人才，十之八九都是受过良好家庭教育的人。

同学校教育相比，家庭教育更加具有连续性，对孩子的影响也更大。所以，要想培养出优秀的孩子，家长就必须要有正确的教育观念，合理利用一切教育资源，掌握家庭教育的艺术。

为了帮助各位父母解决家庭教育的困惑，我们特地编撰了本套丛书，包括《好性格让孩子受用终生》《正面管教孩子》《孩子为你自己读书》《听孩子说胜过对孩子说》《高情商孩子培养术》《洛克菲勒给孩子的38封信》六册书，分别讲述了作为父母如何培养孩子的独立性格、怎样提高孩子的情商、如何培养孩子的学习精神、怎样尊重孩子、如何教育孩子成才等诸多问题。这些家庭教育艺术的不同侧面，为我们培养孩子健康成长提供了全方位的借鉴和参考。

总之，本套书集针对性、指导性和实用性于一体，融汇了教育孩子的不同方法和诸多措施，是进行家庭教育的良好读本，适合不同年龄段孩子的父母学习和珍藏。

目　录

Y

第一章
性格形成

教育专家指出：子女出生之后到入学之前，是孩子性格形成的最重要阶段。

在这一阶段，家庭若能对子女付出更多的爱心和关怀，可以使子女建立自信和开放的性格，也有助于子女适应外界不同环境的变化。

以子女的人格成长而言，好的家庭环境能够对子女的健康成长起到至关重要的作用。

营造良好的家庭环境

　　家庭，它虽不是真正意义上的学校，但却是世界上最重要的教育机构。父母，虽不是教师，却是世界上主要的启蒙教育者。所以，每个父母都应该重视家对孩子的影响作用，这对孩子的健康成长和品德培养非常重要。

　　在生活中，很多父母觉得自己给孩子一个幸福的家就可以了。其实一个幸福的家不仅仅是给孩子好的物质生活，现代的父母应该把更多的精力放在精神生活与对孩子的性格教育上。

　　家庭是孩子接触的第一个"社会"，在这个社会中父母无疑是孩子重要的老师，他们对孩子的影响是极其重大的。

1.家庭环境对孩子的性格有哪些影响

　　（1）好的家庭环境是孩子成长的基因

　　孩子的每一步成功都与家庭教育有着重要的联系，因为孩子无论在学习上还是其他方面的成功，首先都起步于家庭教育，又都可以因良好的家庭教育而得以继续。

　　好的父母应该是爱的使者；是孩子天才的发现者；是孩子人生抉择的指导者；是孩子个性的发挥者；是孩子成长过程中的榜样。而这些都是家庭教育中的重要组成部分，做好这方面的工作，就可以为孩子的成功打下一个良好的基础。

　　（2）坏环境能导致不良性格形成

　　如果家庭经常出现气氛紧张、夫妻关系不和谐，孩子常常看到的是父母烦恼不安、性情暴躁、言语粗鲁，对长辈缺少孝敬甚至虐待等，那么孩子很容易形成孤僻、自私、玩世不恭等不良心理品质。

在这样的环境中，孩子容易情绪紧张，而如果孩子长期处在这种情绪中，又缺少温暖和关爱，更容易对孩子的心理健康产生负面影响。

相反，如果是一个和谐型的家庭，家庭成员之间相互尊敬，彼此体贴、关心。如有矛盾，多是心平气和地协商解决。

在这种家庭的子女会感到家庭非常温暖，多数成绩好、思维能力强、性格开朗、待人有礼貌、遵守法纪，且有较强的上进心和较高的自觉性，比较容易接受教育。所以，每个家庭都有责任为孩子创造一个好的氛围，让孩子在这种氛围中得到健康地成长。

（3）沟通方式影响孩子性格形成

一个良好的家庭沟通方式对孩子的成长同样重要，有着良好沟通方式的家庭其孩子通常是活泼开朗的，而且敢于挑战。

一个好的父母应该给孩子两面的认识，即和蔼可亲与严肃认真。这样孩子才敢于与父母交流，敢于把自己的想法说给孩子，也只有在这个基础上，父母才能更好地教育孩子。

以下的这几种沟通方式是父母应该注意的：

一是指责型。当孩子犯了错误时父母总是严肃地指责埋怨，不给孩子解释的机会，也不与孩子去寻找错误之处，问题往往在自己的指责和埋怨中不了了之。这种家庭沟通模式的结果就是：孩子要么逆来顺受，要么逆反、攻击性强。

二是迁就型。当孩子犯了错误之后，父母不去纠正而是一味地迁就。这种家庭沟通方式很容易使孩子养成一些依赖而又固执、软弱而又任性等不良性格特点。同时，孩子在这种迁就讨好的沟通模式中，很容易形成任性、什么事都觉得自己是对的性格。

2.如何造就一个良好的家庭环境

（1）创造和谐的家庭氛围

父母一定要当好自己的角色，最好做到恰如其分。所谓的恰如其分就是在平时要能和孩子玩到一起，让孩子感觉你是他的朋友、伙伴。

在他遇到困难的时候，又要能为他指引方向，让孩子感觉你是他的恩师；在他犯了错误的时候，又要对他进行批评、指正，让他感觉你是他的严师。

同时，夫妻还要有一个和谐的关系，这样孩子有利于孩子在一个和睦的环境中健康成长。

（2）建立良好的亲子关系

与孩子的关系除了要能和孩子游戏、学习外，还要能与他发展共同的兴趣，共享经验和成果。这样可以很好地增进自己和孩子之间的感情和相互间了解。

父母要把孩子作为平等的人，尊重孩子的爱好，给他一定的自主权利决定与选择事情。当遇到事情的时候，有的可以和孩子商量，征求孩子的意见，让他觉得自己在父母心中是有地位的，也会增加他的责任感。这样的健康家庭关系有助于孩子健康心理的形成和稳定。

（3）注重亲子沟通态度与行为方式

父母在与孩子沟通的时候要多用鼓励、理解、尊重的方式，即使惩罚也要富于情感性，要伴随合理的解释。

作为父母应该成为和孩子沟通的高手，成功地引导孩子的思想、希望和信息，使父亲的思想见解与信息情感，及时地传递给孩子，不仅可以达到引导孩子行为的目的，还可以培养孩子的主见和选择能力。

同时，要学会尊重孩子，这样孩子才能更好地尊重自己。鼓励与理解也能让孩子更好地认识自己的错误，有利于他们积极地改正。

(4) 创造互相学习的家庭环境

孩子的身上同样有值得父母学习的地方，有时即使暂时还没有，父母也要表现出向孩子学习的行为，这样更有利于增加孩子的积极性。

一个互相学习的家庭环境不仅可以促进父母与子女的感情，还可以在很大程度上提高孩子对生活和学习热情。

如果在一个家庭中，父母对生活充满热爱，个性品质健康向上，思想感情积极热情，观念信仰正确得体，风俗习惯文明高雅，便会使孩子生活在积极向上的心理环境之中，造就孩子的良好个性。同样，如果父母能积极地向孩子学习，也有利于孩子保持更强的上进心。

在家庭中，父母要学会把孩子看作是与自己平等的人。这不仅是互爱的一种体现，而且能够帮助孩子树立信心，明辨是非，丰富想象力和创造力。

有一些所谓的自然成熟论。有这种观点的父母对孩子往往是持放任自流、概不过问的教育态度。这样的家庭环境，孩子会因为得不到关爱而产生孤独感，逐渐形成对周围的事物漠不关心、自我放荡的不良心态与品质。

也就是说，家庭环境对于孩子很重要，而父母在这一环境中的作用也更大。所以，一定要给孩子一个健康、良好的家庭成长环境！

温馨小提示

家庭环境对孩子的性格培养非常重要，而家庭环境的好坏与父母有着很大的关系。要想做一个合格的父母，就一定要给孩子一个幸福的家，给孩子最好的家庭教育。

家庭是对孩子有绝对影响力的第一学校，而父母则是孩子一辈子最贴近的第一"老师"。如果孩子在这个学校里能受到最好的教育，那么培养孩子的良好性格就不是一句空话。

父亲在家庭教育中的作用

由于男性与女性的社会角色和思维方式不同，从而也造就了父母对孩子教育方式的差异。如果说母亲的教育是"滴水穿石"的话，那么，父亲的教育就是"点石成金"。

父亲教育是孩子成长不可缺少的一部分，孩子的性格成长需要父亲的关怀。因此，在培养孩子的优良个性的过程中，父亲一定要充当好自己的角色，给予孩子需要给予的。

1.父亲角色对孩子成长很重要

由于受传统家庭分工的影响，很多家庭教育孩子成了母亲职责的一部分，而父亲总是置身于事外。实际上，在孩子成长过程中，父亲对孩子的性格、处世态度的影响要比妈妈更重要。

（1）父亲是孩子最重要的"游戏"伙伴

现在很多家庭都是只有一个孩子，而母亲在带孩子的时候又总是以看护为主。这时父亲就不可避免地成了孩子最重要的游戏伙伴。当然，游戏只是一种方式，最重要的还是在游戏过程中更好地让孩子的个性得到发展。

　　通常，父亲会更多地与孩子玩兴奋、刺激、变化多样的游戏，这在一定程度上给予了孩子更丰富、更广阔的感知经验。

　　父亲通过与孩子共同操作、探索多种形式的活动、游戏，可以很好地培养孩子的动手操作能力、创新意识，促进孩子求知欲、好奇心的发展。这些影响对孩子以后的性格发展都非常重要。

　　（2）父亲是孩子积极情感的满足者

　　在孩子成长的过程中，父亲可以很好地满足孩子的积极情感。通常孩子和爸爸在一起时，男孩可以学习男子汉的"阳刚之气"，从而形成良好的角色心理认同。如果男孩缺乏"父爱"或与爸爸交往过少，容易导致"女性化"的倾向。

　　同样对于女孩来说，通过对父母性格特征的识别，会更加强化自己的性别意识，掌握性别角色标准。这些影响对孩子良好个性品质的形成有着不可忽视的作用。

　　有关研究显示，父亲对孩子的教育和鼓励可以极大地提高他们的积极意识。如，教育女儿从事传统的男性活动：修车、修理家电或打球等，女儿的自信心会增强、拓宽女性素质的能力也会大大提高；鼓励儿子参加其爱好的活动或是具竞争性的活动，儿子的成绩也会较高。

　　（3）父亲是孩子重要的教导者

　　通常情况下，母亲都是会对孩子过分溺爱，所以有的时候孩子对母亲的夸奖会非常习惯。而父亲则不同，他们一般很少夸奖孩子，通常在孩子的印象中他们总是严肃的，孩子偶尔得到父亲的夸奖会显得很兴奋。

生活中，与母亲相比，孩子总是怕父亲，比较听父亲的话，在教导孩子时，父亲不让孩子做的事，孩子一般不会去做。

这就要求父亲在孩子的成长过程中，要给孩子一个正确的成长方向，告诉孩子什么是正确的，什么是错误的，应该怎样去面对困难等，这对孩子的性格成长非常重要。

2.父亲对孩子成长的影响

（1）独立性格

孩子在成长过程中，可以透过父亲体验到转换、分离、坚韧等，孩子常以父亲为自己坚强和独立的来源。

在和父亲的相处中，孩子能够更多地学会冒险、解决问题、独立思考，这都在很大程度上强化了他们对外在世界的控制感觉及对自我意识的认识，从而更好地培养孩子的独立性格。

（2）社交应酬能力

有关调查表明，与双亲沟通联系较好的孩子，较之单纯和母亲联系的孩子，对外界新奇的事物要更有兴趣。

常和父亲在一起的孩子，会受到父亲社交应酬的影响，知道怎么与人相处，很好地处理个人与同学或是老师的关系。

（3）信心及弹性

在成长中常和父亲在一起的孩子，对新环境适应能力的弹性会很强，在面对问题时，信心也会很足。

研究显示，适应能力及信心强的父亲，其孩子遇事会比较冷静，且有信心。

这是一种"仿效行为"，他会在与父亲的相处中内化父亲的行为及思考方式，亦即父亲解决问题的方式、使用的语汇及追求目标的信心及努力等。

（4）设身处地的特质

如果父亲在孩子的成长过程中接触较多，那么他们在长大成人后设身处地为他人着想的意识就很强。

父亲在生活中照顾他人、为他人着想的时候很多，这在一定程度上都会对孩子产生不可避免的影响，促使人们形成设身处地的特质。

3.父亲在家庭教育中的作用

在家庭中，父亲意味着一种雄性的力量，拥有着强健的体魄，具有威武、勇敢、进取、独立、果断的个性品质，父亲在家庭教育中比母亲更有计划性、目的性，知识面更广。

父亲的这些独特的个性品质和特点，是母亲所无法模仿的。父亲在家庭教育中的作用，也是母亲所无法替代的。

（1）父亲是孩子榜样，有着表率作用

父亲是孩子效仿的榜样，父亲的一言一行都将对孩子的性格形成产生重大影响。因此，父亲不但要给予孩子物质生活上的保障，更要给予孩子宝贵的精神财富。

很多时候，父亲都能够起到很好的表率作用。不管做父亲的如何忙，也要抽出一些时间和孩子在一起，多沟通，多交流，和孩子成为朋友，用自己的言行潜移默化地影响孩子，以使孩子形成良好的性格。

平时，孩子上幼儿园或上学读书的早送晚接，不应只是作为母亲的专利，父亲应尽量抽空接送。在这期间，父亲与孩子的身体接触，与孩子的言语交流，与孩子共同经历的人和事、景和物，不仅

能够增进与孩子的感情，而且也可以在潜移默化中教会孩子如何成人，如何做人

一个好的父亲会将母亲生活领域之外的东西尽可能地展示在孩子面前，并成为孩子探索新领域的向导和力量的源泉。

（2）缓解母亲的压力，有着平衡作用

当父亲参与到孩子的生活和教育，必然会缓解母亲的压力和减轻母亲的负担，这无疑将增进夫妻感情，丰富夫妻生活，促进家庭的幸福和稳定，具有调适或平衡家庭关系、增进家庭感情的作用。

在那些因母亲过于关注孩子的成绩，以致得了"儿童成才焦虑症"的家庭里，父亲的平衡作用尤其关键。

当孩子因为一次考试成绩不理想而受到母亲暴风雨般的指责后，父亲的一个微笑、一次抚摸或一句宽慰的话，都能迅速使孩子从与母亲的对立情绪中解脱出来，通过缓缓引导，使孩子受挫的羞愧转化为奋起的决心。

（3）父亲在家庭教育中的权威作用

通常情况下，父亲在家庭教育中的威信胜过母亲，这与我国的传统婚恋观密切相关：女的要找比自己高标准的，如果找到比自己低标准的，家庭结构就不那么合理。所以，在大多数家庭中，男人比女人在文明、智力等方面的水准要高一点，这个事实在家庭教育中也会表现出来。

但得注意的是，父亲在家庭教育中的权威作用，既可以在教育过程中不断强化和发展，也可能在这一过程中不断弱化甚至消亡。

父亲良好的教养态度、方式、方法都有助于加强父亲在家庭教育中的权威作用，从而形成一种良性循环，使家庭教育朝着和谐、健康的方向发展。

（4）父亲意味着秩序，有着传授作用

父亲这个词蕴涵着教育，在父亲与孩子的游戏中父亲将会于无形和有形中向孩子传授或渗透社会秩序、规范、准则，从而在潜移默化中实施人生观教育。

（5）父爱是家庭教育中的支柱，有着心理作用

一项研究表明，凡是与父亲交往机会多的孩子，其智力水平更高，尤其男孩更是如此。

实际上，孩子生长在有父爱的家庭中，不仅智力水平会正常发展，而且心理调适能力也会健康发展。父爱是整个家庭教育中的心理支柱，是家庭的心理调适剂。

倘父亲角色缺失，很容易造成孩子性格、情感方面的缺陷。

4.怎样做一个好父亲

在现实生活中，所有有孩子的男人都希望自己是个好爸爸。那么，为了达到这个目的，应该如何做呢？

（1）做个好父亲，要尽早参与抚养孩子

有关人员研究发现，倘若自妻子怀孕开始，丈夫就予以积极的关注，有利于婚姻关系和父亲与孩子的亲密感。因此，父亲应尽早地介入照料孩子的工作。

在孩子出生后，父亲除了和孩子一起游戏，如抱孩子、引导孩子爬行和走路等，还应帮助孩子洗澡、换尿布、喂食等。父亲与孩子能够建立良好关系就在此。

（2）做个好父亲，要多与孩子亲近

对孩子进行个性教育，形成权威感的重要前提是：孩子信任你、亲近你。因为只有孩子愿意接近你，才会坦诚与你交流。只要这样，你才能真正地了解孩子，并用合适的方法管教他。

如果在孩子想和你说话或有求于你的时候，你总是说"一边去，我正忙呢"或是"找你妈去，别烦我"，孩子就会渐渐失去接近你的愿望。

有的父亲虽然参与管教孩子，但是过于严厉，让孩子感到害怕，也会失去孩子的亲近。这样就会造成父子间难以相互理解，也会造成孩子的性格缺失。

（3）做个好父亲，要与母亲合作

培养孩子的良好性格是父母双方共同的"事业"，父母应始终保持合作，用相同的教育态度和管教方式对待孩子。

如果父亲忽略与母亲的合作，进行另一套的教育，会使孩子无所适从，而养成一些不良的行为和个性。不管父母的婚姻状况如何，也要努力与孩子保持正常接触。

若是因为婚姻破裂或别的原因，无法和孩子生活在一起，也应时常去看望孩子或打电话问候孩子。

（4）做个好榜样，要努力工作、关注家人

一些做父亲的，总是说工作忙，根本没有时间和孩子交流。其实，孩子并不需要你每天花很多的时间和他玩，只要用固定的时间和他谈心。如晚餐时、送孩子去幼儿园的路上，你都可以和孩子进行对话交流。

在努力工作的同时，也要关注家人，无论有多忙，打个电话总是有时间的，电话也能让孩子体会到你的关爱。

父亲在家庭教育中有很多优势，很多特点，比如说勇气、发展、风险，这些都是培养孩子性格不可或缺的东西。

父亲通常能给予孩子一种超越家庭范围更为宽广的竞争性的社会意识，在与外部的人们交往当中，父亲的作用可能要更好一些。

无论是协助孩子处理权威、道德品质发展的问题，还是解决自我控制和成就感等方面的问题，父亲都是一个特殊的、重要的榜样。

温馨小提示

在孩子的成长过程中，父亲有着母亲无法替代的重要作用，因此，作为父亲，应与孩子的母亲一起承担起教育孩子的重任。与此同时，也能享受与孩子共同成长的乐趣。如果父亲的教育过少，那么孩子在以后处事中很有可能形成不够理智、优柔寡断的性格特点，这对孩子非常不好。

孩子的成长需要母亲

在孩子的成长过程中，需要有正确的教育观念，而父亲与母亲在教育观念上是存在一定的差别。其中，父亲一般是理智型，母亲则是情感型，这两种不同的教育观念对孩子的性格成长有着很大的影响。

1. 妈妈的作用无可替代

一个孩子的自我形象，并不是与生俱来的。在孩子一生的成长过程中，妈妈的作用无可替代。

有一位名人曾经说过："国民的命运掌握在母亲的手中。"从宏观方面看，这话说得非常正确。在婴幼儿的成长中，母教起着非常重要的作用。婴儿到儿童的这个时期，几乎所有的婴儿都是恋母的。在孩子出生后的3年时间里，对孩子进行正确的母教，可以说是影响他们一生的关键。

母亲在教育孩子的过程中，要体现出意志和性格。因为孩子在学习过程中，会受到母亲性格和品德的影响。这些影响是孩子人生最初的印象，其烙印是十分深刻的，每一位母亲都应该特别注意这个方面，不要让孩子受到负面的影响。

当孩子进入儿童期后，母亲更应注重这方面的教育。每一位母亲都知道，母亲与孩子相处的时间较多。孩子遇到问题时，通常都是向母亲提出的。受到委屈也会向母亲倾诉，孩子的生活习惯、思维方式等等，也主要是受母亲的影响。在现实生活中，那些取得伟大成就的人，在童年时期都受到良好的家庭教育，是母亲塑造了他们。

妈妈再繁忙，也应该关爱孩子，愿意去与孩子沟通。陪伴就是最好的爱，有妈妈的亲近，孩子就不会感到孤独。不妨在和孩子说话时多表露你的笑脸，不要总是摆着一副严肃的面孔，让孩子不安。

（1）妈妈要以身作则，提升自己的人格魅力

不管是外在面貌还是言行，妈妈都是孩子的第一任老师。

孩子的良好习惯往往是模仿妈妈的。如果妈妈强调饮食卫生，强调言行嘉善，强调外观整洁，那么孩子也会不自觉地往好的方面发展。如果妈妈自己每天都蓬头垢脸，言行粗鄙，忙着操持家务却不拾掇自己，那么，你又如何要求孩子也能做到干净整洁，讲究礼仪呢？

此外，孩子进了小学后，会不自觉地将自己的妈妈和别人的妈妈做比较，他们小小的内心，其实更希望妈妈能让自己骄傲。这并不是孩子爱攀比的表现，而是他们成长阶段的情感诉求。

（2）妈妈要尊重孩子，才能培养孩子自尊心

一般来说，孩子更为亲近妈妈。有些妈妈却因为孩子小而忽视他的存在，漠视他的情感和要求，或者把孩子当成自己的附属品，甚至是出气筒。这往往会让孩子产生挫败心理。

（3）妈妈应该学会恰当的批评技巧和表扬技巧

我们都知道过犹不及，孩子做对事就一通表扬，做错事就一通批评，往往没有理想的教育效果。

恰当的做法就是，当你表扬时还愿意再说一句"我们还有再进步的空间，要继续保持努力呢！"当你批评时还愿意再说一句"妈妈相信你能改变，因为妈妈爱你。"孩子才能在妈妈的正面评价中摸索到自我的成长方向。

（4）妈妈也要保持学习的劲头

妈妈的态度往往能影响孩子，当你面对新事物时不是拒绝，而是产生新鲜感和好奇心，那么这种做法也会带动孩子端正学习态度，愿意学习新知识。

当一个好妈妈，言传身教更加重要，所以说妈妈也是要不断成长的，努力提升自己，更能潜移默化地教育出好孩子！

2. 妈妈应该关注孩子的一切

妈妈应该关注孩子的一切，着重培养孩子良好的生活习惯。很多时候，决定孩子人生高度的关键不是分数的高低，而是人格心灵的健康健全。

作为一个母亲，只关心孩子的健康，忽略孩子品德的形成和智力的发展，是绝对不行的。一个合格的母亲应该使孩子成为一个全面发展的人。

母亲勇敢和乐观的精神，会深深地影响自己的孩子。母亲应学

会用坚强去武装孩子的精神，并给予他爱与智慧。只有这样，孩子才会在步入社会时，不感到害怕；遇到困难时，不会退缩；遇到失败时，不会因失望而灰心丧气。

妈妈们应该要着重培养孩子做个有礼貌有原则的人，做个有良好行为习惯的人。

在孩子的成长阶段，往往忌讳这四种妈妈类型：

金钱妈妈——认为金钱可以解决一切问题，对孩子不管不顾。结果孩子也贪恋金钱，情感淡漠。

强势妈妈——强迫命令，简单粗暴，喜欢打骂孩子。结果孩子越加反叛，或者越加自卑。

甩手妈妈——只生不教，认为孩子的教育由学校承担，对孩子的任何问题都感到束手无策，干脆放任不管。结果孩子有什么事情就自己扛，往往不加分辨，容易误入歧途。

学业妈妈——只看重孩子的学习成绩，对孩子的生活品格却不管不顾，活生生把孩子教成书呆子。

3. 妈妈应该让孩子亲近爸爸

妈妈应该适时把孩子的教育权交给爸爸，不要让忙碌的爸爸忘记对孩子表达爱意。

很多时候爸爸是一个粗心的人，他们可能忙碌事业，可能沉迷游戏，可能天生就抗拒孩子……作为父亲，他们对孩子的关爱经常不表露，所以才有"沉默的父爱"一说。

然而，孩子不到成年，是不会懂得这种父爱的。有的孩子甚至直言"爸爸是个在家生活的陌生人"，真是令人哭笑不得。在这个问题上，父亲切不可撒手不管或是任其发展，这是对孩子的不负责。要想让自己的孩子养成良好的性格，父亲一定要承担起自己的教育责任。

说到底，教育孩子的责任应该是爸爸和妈妈共同承担的，妈妈应该适时制造机会，让孩子亲近爸爸，也让爸爸发挥不同于妈妈的家长优势，教会孩子勇敢与坚强。

温馨小提示

培养孩子的好性格不是某一方的事，只有一方的教育同样也不会是成功的教育。而怎样培养孩子，是一个重要的问题。父母应一起承担起教育孩子的责任。父母双方的教育对孩子来说都非常重要，任何一方教育的缺失都不利于孩子性格的健康发展。

父母教育达成一致

由于父母的观念不同，在教育孩子时往往会出现意见分歧的现象。在教育孩子的过程中，如果父母出现教育意见分歧，一定要双方达成一致，这样才能对孩子形成好的性格起到较大的作用。

1.父母教育不一致的弊端

父母双方教育孩子的观点是不尽相同的。有时候，妈妈埋怨孩子，爸爸赞成孩子。如果经常出现这样的情况，会使孩子形成比较矛盾的性格。

（1）父母态度不一致，会使孩子形成不良性格

在日常生活当中，许多父母都认为：要管教孩子，必须是一个父母要"严"，另一个要"慈"，也就是一个"唱红脸"，一个"唱白脸"。

父母们以为只有"一严一慈"，"一软一硬"，相互配合，"软硬兼施"，才能教育好孩子。这种说法，乍一听似乎很有道理，其实不然，这样恰恰犯了家庭教育中的大忌。

遇到这种情况，孩子通常会这样认为：谁能答应他们的要求，他们就去磨谁，并且会把父母分成谁好谁坏。一些孩子就是在这种搭配组合中钻空子，出了事只告诉护着自己的一方。这样一来，孩子会遇事都钻空子、找一个保护伞，那么最终就会使家庭教育失去约束力。

（2）父母态度不一致，会让孩子无所适从

在教育孩子出现矛盾时，父亲这样说，母亲那样说，这就不可避免地会让孩子无所适从，甚至分不清谁对谁错。

由于年龄和阅历的限制，孩子们往往不能明辨是非，他们习惯于追随胜利者的脚步。一般情况下，如果父母发生争执，往往谁在争吵中取得了胜利，孩子就会认为谁是对的，就会听从谁的观点或者安排。

事实上，争吵中失败的一方未必就是错误的，而胜利的一方也未必都是正确的。教育的根本宗旨是教会孩子明辨是非，掌握真理，而不是把孩子拉拢到哪一方的阵营当中。因此，一定要意识到"父母要保持步调一致"这一家庭重要教育方针。

2.父亲的教育如何达成一致

(1) 出现分歧时，先让步后商量

当夫妻双方的教育出现分歧时，父亲应先做出让步。这样一来可以避免双方当着孩子的面出现争执，另一方面有利于心平气和的商谈。

当着孩子的面出现争执容易让孩子知道双方的分歧点，从而对其做出有利于自己的选择。所以父亲最好先做出让步，等孩子不在的场合，父亲可以心平气和地与母亲进一步商量。如果自己是正确的可以用道理说服母亲，让她遵从自己的观点。如果不知道谁对谁错可以双方说出自己的观点，最后达成一致。这样一来，就可以很好地解决教育分歧的问题。

(2) 面对教育时，父母要相互配合

在自己的教育中，如果自己看出孩子有什么毛病，这时最好父母先商量，争取相互配合。这样在双方达成一致的情况下对孩子进行教育，那样孩子就会对自己的过错有一个明确的认识，更有利于他的改正。

如果，没有争取母亲的同意，那么父亲在教育的过程中，母亲很可能会有质疑的声音，这样不仅不利于教育，还会让孩子有求援的后路。

所以，父亲一定要争取站在同一条战线上，彻底断了孩子的后援，这样就会使纠正孩子的错误变得异常容易，也会杜绝孩子的不良性格的产生。

温馨小提示

在教育孩子的问题中，父母双方或多或少都存在着差异是难以避免的。如果两人总是唱对角戏，就会对孩子的性格形成不好的影响。

父母教育达不成统一，不仅会使家庭教育的效果大打折扣，还会使孩子的是非观念受到极大的影响。所以，在教育孩子的过程中，父母一定要做到教育一致，这样才更有利于孩子的健康成长。

父母教育孩子的责任

在孩子的教育问题上，有不少父母对孩子总是动辄打骂，这种教育方式是极不科学的。生活中，很多父母教育孩子的方式是简单粗暴的命令型，更愿意动用意志让孩子绝对服从，这种说一不二的教育方式是不对的。

教育不是管理，更不是统治，它应该是循循善诱的，应该是以身作则的。只有这样，孩子的成长过程才是安全的。

如果一遇到事情，就不分青红皂白地把孩子打一顿，那样孩子就容易出问题，如偏执、倔强甚至有暴力倾向等，这都极不利于他们以后的健康发展。

在孩子小的时候，这种行为可能会让他们屈服，但随着他们慢慢长大，可能就会产生一种背叛心理，而这样的孩子会更加不好教育。

所以，当遇到事的时候，一定要先问清楚事情的缘由，如果确实是孩子不对，可以对他们进行严厉的批评教育，不要对孩子的性格造成不良影响。

2. 关心孩子的生活和学习

对孩子的生活和学习，父母一定不要不管不问，那样很容易让孩子形成懒散的毛病。要时刻注意孩子平时的生活和学习，在学习方面要以鼓励、表扬为主。在生活方面则要教他们学会做人的道理，如要尊敬老师，尊重长辈，团结同学，养成良好的生活习惯，自己的事情自己做，从做中学等。

当孩子有缺点时，不要一味地批评，要摆事实，讲道理，使他心服口服。当孩子的生活和学习中出现问题的时候，也一定要积极地进行引导和启发。

在这一过程中，父母的言行及引导方式也会对孩子有很大的影响。父母时常关心孩子的生活和学习，不仅可以让孩子感受到父母的恩爱，还可以极大的促进孩子的上进心和热情，这些对孩子良好性格的形成都有重大作用。

3. 做好监督者、批评者和实践者

在孩子成长的过程中，父母要对孩子的行为做好监督。这一点非常重要。一般情况下，如果孩子感觉到父母在关注着自己，他们在做事的时候就会格外地谨慎、认真而不会马马虎虎。这样有利他们做好遇到的每一件事情，对其以后的人生成长也有着不可忽视的影响。

这里所说的批评，是要在适当的时候做合理的批评。所谓适当的时候，就是在孩子犯下大错误的时候。

对孩子一般的错误，父母做好适当的教育就可以了。批评要把握好一个度，既要让孩子怕自己又要让孩子爱自己。一定要让孩子知道自己真的错了，而父母对自己批评也是为自己好，这样一来更有利于孩子朝着好的方向发展。

所谓的实践者，就是就是对父母的教育主导方向的实践。在执行父母自己的教育方向时，如果对孩子有效那么就可以坚持下去，如果觉得有问题也一定要及时地更正。父母这种知错能改的品质，有利于孩子的良好性格的形成。

现如今社会上祖父母帮助带孩子是一种很普遍的现象。这就给

爱偷懒的父母们找到了借口：长辈替我完成了相当一部分责任，我偷偷懒倒也无妨。

而事实并非如此，父母要搞明白这样一件事情：父母的角色是不可替代的。要知道在孩子成长过程中，自己所起的是一种非常重要的作用。因此就要求这些躲在长辈背后的年轻父母们，一定要从长辈的背后走出来，去承担属于自己的那份责任。

温馨小提示

家庭是孩子成长的源头，是孩子进行人生学习的第一环境，作为父母，一定要在这个第一环境中做到以身作则，言传身教。

父母对于孩子来说就是一本活"教科书"，孩子从小就会把父母看作是"模范"与"英雄"，这就要求父母在孩子面前一定要注意自己的一言一行、一举一动。这种以身作则、言传身教，可以使孩子的人格力量及精神品质得到极大的提升。

父母发怒对孩子的影响

花朵说："风雨摇曳了我更多的妩媚。"是的，花朵在风雨中别有另外一种风情，但它更多需要的是阳光清风中的盛放。

孩子说："爸爸妈妈的暴怒总是让我心惊胆战。"是的，生活中发脾气、暴躁是在所难免的，但孩子需要更多的是细语温和、耐心的父母。

1.孩子眼中父母发怒的样子

加拿大、英国和意大利的研究人员对经常发怒的家庭的孩子进行交流，孩子心中发怒父母的样子让所有人都感到震惊：

"爸爸发脾气的时候，我害怕的心都要碎掉，想找个地方躲起来，可是腿上却没有力气让我逃跑，也不敢逃跑躲起来，怕爸爸冲上来把我揍打一顿。"

"妈妈生气的时候像变了一个人一样，披头散发得乱扔乱砸东西，像个巫婆一样让人害怕。"

"我一点都不喜欢爸爸，很讨厌他，我都要上高中了可是他还是动不动就再我面前咆哮，一点都不顾及我的感受和自尊，他觉得他这样我就能听他的话了，其实他错了，只要他肯静下来跟我平静地说话聊天，效果肯定会比他咆哮我好很多很多。"

"爸爸妈妈都是火爆脾气，老是对我吼来吼去，我就是从小被'吼大'的。上个星期几个好朋友突然不爱找我玩了，我一点都想不明白是为了什么？

后来给一个朋友打电话才知道，朋友说：'你太霸道了，他们几个都说和你一起玩不自在，你总觉得自己是老大，把别人吼来吼去的……'这估计跟我从小生活在被爸爸妈妈吼的环境里的原因吧。"

"爸爸妈妈一个人跟我发脾气的时候，我心里很害怕，可是他们两个互相发脾气的时候我就更觉得害怕了，害怕他们会离婚，怕他们不要我，我总觉得自己很没用，我总是想，我要是哈利波特就好了，就可以在他们吵架的时候施展魔法让他们不再吵架，一家人和和气气的多好……"

2.父母发怒对孩子性格的影响

在很多的时候，父母总是会说，我们生气我们发脾气也都是为了孩子，有时候看见孩子笨拙的样子就忍不住想生气，有时候看见孩子不能把事情做好，心理总是有难以控制的急躁。

殊不知，这样的父母在孩子心中是让人害怕的。父母的发怒对孩子的成长、心理和性格成长都有着很大的影响。

虽然有很多的孩子还不懂得大人们为什么争吵，也不懂得他们在争吵什么，但这并不意味着大人争吵时激烈的感情流露对孩子的性格没有影响。

害怕，是孩子对发怒的父母的第一感觉。在父母面前，孩子不只是孩子，他更是一个弱者。本来父母与孩子之间的身份就已让孩子对父母有几分畏惧，当父母发怒时那扭曲的表情，对孩子心中造成的恐慌心理是大人难以想象的。

孩子的成长在很大程度上都受父母的影响，他们会观察父母与别人的交往，认识并学习如何与人打交道，所谓"近墨者黑，近朱者赤"。父母与别人交流的方式，总是在潜移默化之中就影响到孩子以后的人际交流方式。

当孩子们长期生活在父母过于激烈或愤怒的情绪氛围下，不仅使孩子心理上受到伤害，而且父母的言行还会成为孩子的模仿对象。当它们学不到正确的与人交流的方式时，就会自然而然地流露出父母暴躁或愤怒的情趣，也自然而然地会以为吼叫、发怒就是与别人交流的最佳方式，而孩子以这种性格与人交往对他自己是极其不利的。

温馨小提示

孩子的心都是敏感稚嫩的，父母的发怒不仅会伤害孩子的自尊心，给孩子心理造成阴影，还会在潜移默化之中影响到孩子性格的成长。

所以，父母在孩子面前一定要注意自己的言行，当孩子遇到问题或事情时，要尽量以温和的态度来进行商量或解决。因为温和的交流，不仅有利于真正的解决问题，还能消除孩子心中的恐惧感。

学会赞美孩子

沟通，是孩子与父母建立友谊的桥梁。赞美，是父母与孩子沟通桥梁的润滑剂。在孩子的成长过程中，赞美是父母与孩子沟通必不可少的方式。孩子的成长中，来自父母的赞美对他们而言是非常重要的。

如果父母对孩子每时每刻的了解、欣赏、赞美、鼓励，那么会得到很大的鼓舞，而自尊心及自信心也会得到极大的增强。同时，孩子会更愿意与父母交流，把父母当作朋友看待。所以，在孩子的成长中父母一定不要吝啬自己的赞美，当孩子取得成绩时一定要对他进行及时的赞美。

1.父母要及时赞美孩子

在每个孩子的身上，都有自己的闪光点和优点，而许多父母往往缺少发现。所以，父母要试着去发现孩子优点，并及时地给予表扬。

许多父母习惯采用物质的奖励的方式，来表达自己对孩子取得成绩的赞扬。其实，在孩子的心里，他们往往更渴望得到来自父母的精神鼓励，哪怕只是短短的几句赞美的话。

因此，父母一定不要觉得有物质奖励就够了，一定要用语言表达出来。当然，赞美也要适当，既要针对孩子的优点，实事求是，也不要言过其实，以免适得其反，让孩子过于骄傲自满。

2.父母赞美孩子的方式

（1）及时的语言赞美

当孩子付出良好行动的时候，要及时给予肯定的赞美。如，当孩子自己把房间打扫干净的时候，父母可以不失时机地说上一句："这件事你处理得不错，真是个小小男子汉了"；当孩子在考试中取得进步时，也要对他赞美几句："这次考试进步不小，看来，你做的努力不小啊！"等。

只要孩子有好的行为、好的做法，作为父母都要及时地给予他们称赞。这既是与孩子沟通的润滑剂，也是家庭和谐的原动力，更是孩子自我成长和自我肯定的强"心"剂。

这些及时的赞美，也远比给他们一些物质的奖励更具意义。孩子在听过之后，也会因为父母的赞美而更加努力。

（2）赞美要真诚、符合实际

把对孩子成长的喜悦在做到及时传达的同时，其赞美还要实事求是，不能过分夸张。只有当孩子感到父母的赞美真诚时，他才能更愿意付出。

通过真诚的赞美，孩子能感受到父目对他取得成绩的肯定，能使他有一种成就感，这样他们会从中获得力量，会更加的努力向上。语言的力量不可小视，而来自父母的真诚的赞美的力量则更是不可小视。

（3）赞美要把握好度

孩子道德品质最初形成过程中的是非观念非常模糊，自制力极差。所以父母的引导、奖励和赞美，对孩子来说至关重要。父母赞美孩子的时候，一定要把握好赞美的度。恰如其分地赞美，可以让孩子正确地知道自己位置，有利于他们明白自己以后该怎么努力。

如果孩子取得一点成绩，父母就大大地赞美，那么很容易让孩子迷失自己，从而停止不前。而对孩子取得的成绩过小的赞美，又会使孩子对以后的努力充满恐惧，他们会觉得自己这么努力了才得到这么一点赞美，以后该怎么办呢？

父母赞美一定要把握好度，以免对孩子产生不利的影响。

父母及时地赞美孩子取得的进步和成绩，能传递给孩子一种强大的精神力量。当孩子取得哪怕一点微小的成绩时，父母都不可置之不理，应该及时赞扬孩子所取得的进步。

同样当孩子主动向父母展示自己取得的成就时，父母也要及时地给予孩子关注，真诚地给孩子一些赞美和鼓励："让我来看看，嗯，确实有进步！"这都可以激发孩子向上的动力让孩子更加努力和自信。

赞美，在孩子的成长过程中是必不可少的，也是父亲与孩子沟通的一种方式，及时地给予孩子的赞美，孩子会更愿意把心里的话说出来。而来自父母的一句肯定、一句鼓励、一句赞美、都会是他们积极向上的原动力。所以，每个父母在孩子取得进步时都一定不要吝啬自己的赞美。

温馨小提示

作为父母，在孩子取得优异的成绩时，当孩子达到了某个既定目标时，一定要把握机会，及时给予他积极、适度的赞美，告诉孩子他取得的成绩在自己心中的位置，这样不仅可以极大地鼓舞孩子，还可以让孩子知道自己努力的方向。

"溺爱"不是"真爱"

有很多父母我行我素的溺爱孩子，原因可能就在于父母们并没有意识到，溺爱对孩子能造成多大的危害。

事实上，溺爱孩子会对其以后的人生发展和性格发展产生消极影响，包括他的学习、成长、价值观的确立、社会发展、善待父母等方面，都是有百害而无一利。

1.溺爱的危害

在现实生活中，父母们都希望自己的孩子有学习能力且成绩优秀。希望自己的孩子拥有自信，长大后做个顶天立地的人。

这是所有父母的美好愿望，可是他们却对孩子实施溺爱，若一味这样去教育，只能使失去自我，缺乏独立能力，从而导致孩子能力低下。

在孩子必须学会的诸多能力中，父母远远没有认识到劳动就是在开发孩子的智力。这是为什么呢？

所谓溺爱，其实就是指失去理智，直接摧残孩子身心健康的爱。作为一个需要独立生活在社会上的自然人，他连生存的本能都没有了，就根本不可能在这个社会上立足，这都是溺爱的后果。父母在一个孩子的成长过程中，无情地剥夺了很多有益于孩子的权利：

（1）剥夺了孩子的运动机会

培养运动能力，支配自己的身体，是孩子获得成功的喜悦感和自信心的重要途径。

溺爱孩子的父母却因为担心孩子的安全、卫生等问题，限制孩子外出活动，结果导致孩子运动游戏的能力差，和同龄人玩不到一起，以至于内心因此自卑孤独。

（2）剥夺了孩子动手做事的机会

溺爱孩子的父母对孩子的大小事务都——代劳，情愿自己受累，也不肯孩子吃一点苦。

这种做法一方面使孩子产生"只有父母会做，我不会做"的自卑感，另一方面认为父母做得一切都是理所当然的，不懂得感恩。

（3）剥夺了孩子的自主权

溺爱孩子的父母大多非常专制，小到一个发卡，大到以后的人生路，都替孩子做主。

父母的做法会让孩子感觉自己就像一个被父母操控的机器人，没有自己的主见和思想。可是由于社会能力和经验不足，孩子又不敢自作主张，所以产生对父母既抱怨又依赖的感觉。

（4）剥夺了孩子认识规则的机会

溺爱孩子的父母总是毫无原则地满足孩子的无理要求，对孩子的哭闹妥协，更不能有效制止孩子的错误行为，于是孩子的内心就无法建立遵守规则的意识。

如果孩子从小就没有遵守规则的意识，在遇到外界要求遵守规则时他就会感到愤怒，甚至无理反抗，在人际关系中成为不受欢迎的人，他也享受不到友情的快乐。

2. "真爱"的真谛

父母的爱都是无私的，都是深如大海的，或许没有深浅之分却有质量的差别。不是富家望门之族给予的爱就是高质量的，也不是粗茶淡饭的家庭给予的爱就是浅薄没有重量的。决定父母爱的质量，不是金钱、物质、地位，而是在日常生活中简单的细节和感知。

人生由童年开始，以后的人生道路在很大程度上也都受童年的影响。童年的爱和教育是人一生的基础，所以童年的爱的质量是很重要的。孩子不是为了"成功"或"成才"而活的，他们只是简单为了童年而活。某种意义上来说，有没有飞翔的翅膀，也全都由童年所得到的爱的质量决定着。

每一个人的生存，都不仅仅是个体的发展。所以在给予孩子爱的同时，要让孩子认识到他与万物都是有关联的，要懂得别人的处境和感受。身为父母，不要总是置别人的事情和感受不管不顾，不要觉得只有自己的情绪和事情才是最重要的。尤其是在孩子面前，不要总是急于维护自己的利益而处处显得自私狭隘，这样只会让孩子人生中真正的美好悄无声息的流逝。

在满足孩子丰富的物质之时，要让孩子懂得善良，懂得豁达，懂得理解，懂得体谅。只有高质量的爱才能使孩子拥有健全的人格和美好的品质，使孩子的成长与世界有最少的摩擦。也才能使孩子成为幸福的人，在人生的道路上坦然自若，一步步走向美好！

温馨小提示

过分溺爱，很容易使孩子养成骄傲、任性、自私、虚荣、孤僻等缺点，产生反社会的不良行为，甚至给家庭带来不幸。

其实，父母与子女的关系是建立在爱的基础之上的，高质量的爱，是让孩子懂得善良，懂得豁达，懂得理解，懂得体谅，让孩子拥有健全的人格和美好的品质。

第二章

培养牢固的自尊心

人具有许多高尚的品格，但有一种高尚的品格是人生的顶峰，这就是人的自尊心。

说起自尊，不禁有人会要问：究竟什么才是自尊？

自尊即自我尊重，指既不向别人卑躬屈膝也不允许别人歧视、侮辱，它是一种好的心理状态。

只要不气馁，不灰心，不放弃，自己相信自己，自己尊重自己，我们就可以通过进一步的努力，找到自己的人生价值，赢得别人的尊敬，感受自尊的快乐。

自尊是自立的基础

自尊，一个颇有分量的词。那么，何谓自尊？自尊就是我们所说的自我尊重，不向别人卑躬屈膝也绝不允许别人歧视侮辱。自尊就是一种非常好的心理状态，是自立自强的基础。

1.人贵有自尊

做人一定有自尊，如果舍弃了自尊，就等于舍弃了你自己。同样的道理，你拥有了自尊，就等于拥有了人生的主动权。

为人类作出卓越贡献的物理学家牛顿，在他年龄还非常小的时候，学习并不是非常好，他总是喜欢动手做一些东西。

一天，他将自制的小风车带到学校，同学们问风车为什么会转，小牛顿答不上来，受到同学们的讽刺。强烈的自尊心使他觉得很没面子，极为尴尬。

从这以后，他奋发图强，凡是他遇到的，都要问个究竟，直至弄懂。他的钻研精神，使他成为著名的科学家。可见，自尊在人生的经历当中是多么的宝贵。

很多人都说过，面对挫折报以微笑是一种人生的大境界，而用自尊对待生活则是一种完整的人生。一个人，你可以没有荣誉和鲜花，但却不能没有自尊。只有自尊才能尊重别人，才能受到别人的尊重。

当然，自尊也并不是自私，自尊同样的也不是妄自尊大。自尊就是做人最起码的一个处世原则。换句话来说，自尊是一个人的脊梁，自尊是无畏的气概，自尊是一个人必须具备的遵守。它提供给生命的不只是一种依托，一种凭借，一种支撑，而是永远的充实，永远的能量，永远的精神动力。

一个人，一旦拥有了自尊，那么，他就具有了一种内涵丰富的修养，尽管容易让人误解为自负、清高，但它从不趋炎附势，卑躬屈膝，不会为尘嚣所乱心，不为诱惑而动摇。

简而言之，自尊就是一种力量，它可以变被动为主动，化腐朽为神奇；它更是一种旗帜，独树在人生历程的一种旗帜。

2.自尊影响人的一生

青少年正处于学习的大好时光，对于自尊来说，更应该记住：自尊是一个人基于全部的自重、自信和自我负责来对待自己的态度。

自尊心是自我意识中最敏感的一个部分。一个人有了自尊心，就会总是能争上游，不达目的誓不罢休。有时候，自尊甚至能让一个人突破自己，重新找回自己做人的意义和价值。

一位商人遇到一个衣衫褴褛的铅笔推销员，顿生一股怜悯之情。他把10元钱丢进卖铅笔人的怀中，就走开了。但他又忽然觉得这样做不妥，就连忙返回，从卖铅笔人那里取出几支铅笔，并抱歉地解释说自己忘记取铅笔了，希望不要介意。最后他说："你跟我都是商人，你有东西要卖，而且上面有标价。"

几年过后，在一个社交场合上，一位穿着整齐的推销商迎上这位商人，并自我介绍："你可能已经忘记了我，我也不知道你的名字，但我永远忘不了你，你就是那个重新给了我自尊的人。我一直觉得自己是个推销铅笔的乞丐，直到你跑来告诉我，我是一个商人为止。"

对陷入困境的人给予无私的帮助确实重要，而如果能让他意识到自己的尊严和价值，那么就是最根本的、最彻底的帮助。人一旦意识到自己的尊严和价值，就会焕发出惊人的进取心。

每一位父母都应该努力培养自己的孩子做一个有自尊的人。因为自尊是青少年的一切，因为有了自尊，人的生命将会从此而变得更加精彩，人生将会从此而发生巨大的改变。

温馨小提示

自尊自爱是一种追求完善的动力，是一切伟大事业的源泉。一个人，不能没有自尊，没有自我。

因为没有自尊，就失去了一个人的立身之本。父母必须教育青少年明白自尊对于人生的重要性，只有自尊自爱、自强不息，才能创造出人生的辉煌。

自尊是成才的动力

自尊是一种动机，也是人类行为的动力之源。自尊动机因自尊水平高低而有差异，但只要条件适宜，这种差异可以得到改观。

自尊是青少年成才发展、实现自我的不竭动力，在青少年成才发展过程中具有积极、重要的作用。

1.自尊促使成才

年轻的父母们若想让自己的孩子将来会有一番成就，那么，就请把培育孩子的自尊作为成才的动力。

自尊是一个人成才与成功的重要条件，古今中外，凡是有成就的人，无一不是以良好的自尊为先导的。一直以来，自尊影响着每一位青少年的成长，也决定着青少年的创造力、进取心及与他人的关系等。

一位心理学家说过："要想具有较强的自尊心，青少年们必须感到自己既能讨人喜欢，又有足够的能力。他必须深信自己的价值，能够应付自己和周围的问题。"

简而言之，自尊也称自尊心。每个人都有顾及脸面，维护自己尊严的心理，这是自尊的表现；同时也希望得到他人、集体、社会的尊重与爱护，这也是自尊的表现。

2.自尊是成才的动力

在我们的日常生活当中，总是会有一些自尊心特别强的人，也会有一些缺乏自尊的人，如果要说起来，这与从小以来的经历不无关系，而且环境与教育也起了很大的作用。很大程度上，自尊就是青少年成才的最主要的动力。

我们为什么会说自尊就是青少年成才的动力呢？这主要是由于一个人如果具有自尊，那么，他就相应的具有一定的自信，自信也称之为自信心。

我们每个人都有自己的优点、长处、优势，也有缺点、短处、劣势。认识到这些并能愉快地接纳自己，相信自己的能力和才干，这是自信的表现。自尊自信是正确认识自己的结果。

人的自尊心和自信心，是随着个人的成长而发展起来的。到了初中阶段，青少年的自我认识与自我评价能力提高了，自尊心和自信心也增强了，应该拿出自己的自尊心来应对成长路上的一切困境。

父母要明白的是，自尊在孩子成长的道路上，将占据着非常重要的角色。它是一种积极的心理品质，也是成功者不可或缺的精神动力。

假如孩子在成长的道路上缺少了自尊，那就不可能有成功可言。自尊是帮助我们迎接人生之路的挑战，顺利扬起成长风帆的主要品质。

自尊是获取快乐的源泉

在孩子的生活中，人人都可能有不如别人的地方，比如智力发育的速度，甚至有生理缺陷。

只要我们能正确的帮助孩子树立自尊，不气馁，不灰心，不放弃，自己相信自己，自己尊重自己，就可以通过不断的努力，找到自己的人生价值，赢得别人的尊重，感受自尊的快乐。

1.自尊与快乐

曾经有人这样说过："做人有四点是绝对不可以缺少的，那就是自尊，自信，自爱，自强。"其中"自尊"是头条，一个人必须尊重自己，不向别人卑躬屈膝，也不容许别人歧视，侮辱。当然也要维护他人的自尊，因为自尊无价。

不仅如此，自尊也应该和快乐是同步的。一个人如果没有了自尊，他的生活也必定会失去乐趣。因为缺乏自尊，所以别人就会认为他懦弱，好欺负，就会歧视他，侮辱他。要想让他人尊重你，首先要自尊。

青少年必须让自己无时无处的获得快乐，那么要想获得快乐，你就得学会先有自己的自尊，这是至关重要的。

据美国密歇根大学的研究者对快乐的研究中发现：生活满意与否的最好指标不是对家庭生活、友情或者收入是否满意，而是对自我是否满意。而对自我满意与否来源于自尊的获得。

2.自尊是获取快乐的源泉

如果能够仔细地观察身边一些快乐的青少年，就会发现：他们一定是一些因为有自尊才有快乐的人。心理学家指出，自尊和自信是持久快乐的重要基础。

换言之，如果一个人在内心深处，并没有对自己有着完全的肯定，那么，即使他还有快乐，也是没有自尊和自信的快乐。相反，青少年如果肯定自己，在任何情况下都不会对自己失去信心，就根本不会对自己不满意。不管是顺境还是逆境，在青少年的心中，都有着自尊这一块坚硬的盾牌，保护自己的心灵不被坏情绪所侵袭。

有些人总是习惯自我贬低，这是一个对身心极具破坏力的习惯。这不仅打击自己做事的自信心，还会扼杀自己的独立精神和人格，使自己整天萎靡不振，找不到生活的精神支柱。

自我贬低还会失去感受美好生活的能力。因为自己会躲躲闪闪，不敢正视生活，不管去到哪里，总是不敢面对别人的视线，总是觉得自己做得不好，那么又怎能安心地发现和享受生活中的快乐呢？

在学习当中，自尊和自信更能帮助孩子有效的行动。当孩子接受到老师分配给的一项工作的时候，是否觉得有一点吃力，有一点恐惧，担心自己不能很好地完成，害怕会因此被别的同学轻视？

如果是这样想的话，那么很难把事情完成。只有抛开这些顾虑，相信自己能完成，并专注地去解决问题时，才可能成功。假如对自己的价值没有把握，能力就不会完全发挥出来。哪怕是对自己有些许不满，对自己要干什么或去向何方有疑虑，或者是一点点不自信的情绪，都会产生很大的破坏性。

温馨小提示

自尊究竟是怎么样获得的呢？很简单，就是由于自信。获得了自尊的快乐。那么，必定会从自信中得到自我认可。

虽然每一个孩子都是独特的不同个体，但是，有一个基本特征却是恒久不变的：那就是保持积极的态度，有自尊且有自信，认清自己的梦想，将是成长最基础的要件。

别让自卑妨碍你的自尊

我们也许会经常听说，过分的自尊就成了自卑。有人认为"自卑"的反义词是"自尊"，他们以为自卑就是由于缺乏足够的自尊心而引起的。

其实，真正的情况恰恰相反，由于自卑缺乏内在的价值感，所以，外在的事情常常就会破坏他们的自尊。

1.告别自卑，自我尊重

一般来讲，自尊和自卑是人的性格两种不同的表现形式。实际上，这和一个人的成长经历、家庭环境、教育程度、社会环境以及人际关系等方面都有着直接和间接的联系。

比如说，面对同样一个问题，对于每个人来讲，得出的结论也许是大相径庭。

自卑甚至自暴自弃，永远是弱者无能的表现。唯有自尊、自信，才能获得社会的承认。

2.别让自卑妨碍你的自尊

自卑，顾名思义，主体自己瞧不起自己，它是一种消极的情感体验。在心理学上，自卑属于性格的一种缺陷，表现为对自己的能力和品质评价过低。

自卑的前提是自尊，当人的自尊需要得不到满足，又不能恰如其分、实事求是地分析自己时，就容易产生自卑心理。一个人形成自卑心理后，往往从怀疑自己的能力到不能表现自己的能力，从怯于与人交往到孤独地自我封闭。

在自卑的情绪笼罩下，本来经过努力可以达到的目标，也会认为"我不行"而放弃追求。看不到人生的光明和希望，领略不到生活的乐趣，也不敢去憧憬那美好的明天。

父母留心一下就会发现：自卑感较强的青少年一般具有以下几种性格特征：小心、内向、孤独和偏见、完美主义。

表面上看，世界上面面俱到的优秀人物、强者应与自卑无缘。但问题是，没有一个人会在生理、心理、知识、能力乃至生活的各个方面都是优秀者、强者。从这个角度出发看待人，就会自然而然地发现，天下无人不自卑，只是自卑的表现形式与程度不同罢了。

有的人自卑心理的诱因，是生理素质方面的。如五官不够端正、过胖、过瘦、过矮、口吃、身体有残疾、缺陷等；

有的人自卑心理的诱因，是社会环境方面的。如经济条件差，学历低，工作环境不好，家庭或单位的影响等；

有的人自卑心理的诱因，是性格气质方面的，如内向，孤僻、封闭等；

有的人自卑心理，是由于生活经历造成的。如情场失意，当众出丑被人嘲弄等。

自卑感是人类天生的一种属性，它是人类个体对自己能力和品质评价偏低的一种消极情感。

不同的是，有的人能克服这种自卑感，使自己活得坦然自在；有的人则盲目甚至过分地意识到自己的不足，陷入深深的自卑之中。

著名学者卡耐基认为：信心和勇气能够导致激扬奋发的情绪，会使整个人像是突然被"充电"一样地带劲，立即会产生一种解决困难的欲望，并要求自己把事情处理得非常完美。

父母要教育孩子从小自尊自信，养成用信心和勇气去面对困难的习惯和能力，克服自卑，摆脱懒散，脚踏实地的成长。

温馨小提示

父母要让孩子懂得，自己是世界上独一无二的，你们应悦纳自己、接受自己、相信自己的潜力，不要浪费时间去担忧自己的与众不同。因此，不应该自卑，而应当有信心战胜自卑。一旦突破了自卑的羁绊，就会对自身的内在潜能有全新的评价，成就不一样的人生。

要学会维护你的自尊

自尊是一个人本身的自我尊重，每个人都有自尊，同时也需要别人的尊重。教育家杜威说过："尊重的欲望是人类天性最深刻的冲动。"作为成长中的青少年，应该明白的一个道理就是，做任何事情之前，请记得维护自己的自尊。

1.把握自尊的弹性

在日常生活和学习当中，我们所做的事情，都会涉及一个度的问题。那么，自尊就更是如此。比如说，青少年在学习物理的时候，老师也都曾经讲到了弹性：任何具有弹性的物体，都要有一个弹性区间，无论伸张或是压缩，都要在此区间之内，否则我们看到的只会是变形。作为青少年必须要明白：为人处世，若无自尊，脸皮太厚，不行；反过来，自尊过盛，脸皮太薄，也不好。正确的原则是：从实际的需要出发，让自尊心保持一定的弹性。

那么，应该从哪些方面来把握自尊的弹性呢？

2.认清自尊需要和交际需要的关系

过于自尊的人，总是把自己看得很重。因此，作为青少年，应把看问题的立足点变一下，不要光想着自己的面子，还要看到比这更重要的东西，比如学习、集体、友谊等。

除此之外，还应坚持把实际的宗旨看得高于自尊，让自尊服从交际的需要。有了这种思想，对自尊就有了自控力，即使受到刺激，也不至于脸红心跳，甚至可以不急不恼，哈哈一笑，照样与同学和睦相处，表现出办不成事决不罢休的姿态，直至交际的成功。

3.审时度势，准确地把握自尊的弹性

在以下几种情况下要特别注意：

一是当你受到冷遇时。有时候，你出现在交际场上，可能被当成不速之客，坐了冷板凳。你的自尊心面临着挑战，但千万别发作。这时你不妨多想一想你的使命、职责，为了完成任务，迅速加大自尊的承受力度。

二是当你被否定时。有时候你花了很大的心血做了一件自认为很不错的事情，满心希望他人肯定、赞赏，可没想到，对方一棍子打过来，被全盘否定。

这时，你肯定会受到强烈的刺激，继而为了挽回面子，进行辩解、反驳，甚至是争吵。这就大错特错了。因为这样维护自尊、面子，只会使事情更糟，倒不如面对这个事实，效果可能更好一些。

三是当你受到批评时。有些人一听到批评，自尊心就受不了，特别是当众挨批评更是难为情。此时，要对批评能够正确理解，应采取虚心的态度，这不但不会丢面子，反而会改变他人的看法，给对方留下一个好印象。

有时，批评的内容不实，有些偏颇，而批评者又处在特别的地位。这时如果你受自尊心的驱使，当场反击，效果肯定不好。理智一些，不要当场反驳，事后再进行说明，这种处理较为有利。

温馨小提示

自尊心，每一个人都应该有。那么，青少年也会期望得到他人、集体和社会的尊重与爱护。

这就是自尊心的正确驱使。作为青少年，学会维护自己的自尊，就是一种尊重自己的表现。

做一个自尊自信之人

众所周知，自信是一种信念，更是一种力量。事实上，自信也是建立在自尊之上的。

自尊是快乐的，它是一种良好的，健康的心态。一个没有自尊的人，也难以让别人来尊重。正如孟子所说的："人必自侮，然后人侮之。"

1.做自尊自信的人

父母要让自己的孩子必须懂得，在学会自我尊重的同时，也应当学会去尊重别人，使自己成为一个有修养的人。

比如说，当孩子在面对别人的评论的时候，应该做到有则改之，无则加勉。如果面对别人的一点意见或建议，我们就斤斤计较，得理不让人，反而不会显出自己的自尊，只会让人认为我们情绪冲动。这种冲动的情绪是对我们自身有害的。

当然，如果是面对别人的侮辱或者诽谤，我们则应该适当的予以回击。捍卫我们的自尊。

我们要知道的是，金无足赤，人无完人。我们看到他人的缺点时，应该学会善意的提醒，懂得尊重他人。以免造成不必要的冲突。自尊的人能够全面地看自己，既看到自己的优点，又同时看到自己的缺点，并针对缺点予以改正。所以自尊的人往往会拥有自信。

自卑与自信是一对孪生子，这两者都以自我为中心。就像是课本里的一个比喻：自卑与自负就像是一根潮湿的火柴，他们永远也无法燃起成功的火焰。常人往往容易陷入自卑或自负这两个自信的误区，所以我们要学会超越自负，告别自卑。

自信的人往往会发现自己的长处，从而发扬自己的长处。而自卑或者自负的人，不但发现不了自己的长处，而且骄傲自大，看不到自己的短处。

2.人贵有自尊自信

自尊自信是开拓进取者不可缺少的积极的心理品质，也是做人的重要品格。它能成为人们前进的动力，使人成为强者。因此，人贵有自尊自信。

作为青少年要知道，自尊自信是人不断进取的阶梯，也是促使人奋发进取的心理因素，它能使人产生巨大的力量。这种催人向上的力量，既是一种强大的驱动力，又是一种强大的自我约束力。

可以说，人的一生取得的任何一次成功，都是伴随着自尊自信取得的。人类社会的进步和发展，也是伴随着人类的自尊自信取得的。

青少年在日常的学习和生活当中，应当明白自尊和自信的重要性。一个优秀的人格，即使经历再多的艰难困苦、曲折失误，也永远不会失去自尊自信，而且正是靠着自尊自信顽强奋斗，不屈不挠地前进。

温馨小提示

自尊是成功的动力。在成长的道路上，拥有自尊的人无论遇到何种困难和挫折，都能够奋发向上，自强不息，获得成功。

而失去自尊的人，只要遇到一点困难和挫折，就会自暴自弃、自轻自贱，从而放弃奋斗。所以说，才有自尊自信才能创造辉煌。

自尊就是自我肯定

自尊，其实就是自我价值的肯定和认可。作为青少年，如果能够真正地做到认可自己，肯定自己。那么，就是已经拥有了一定的自尊。

1.肯定自我价值

作为青少年，必须要学会自我肯定。因为寸有所长，尺有所短，只有学会自我肯定，才能"自信、自尊、自在、自省、自勉、自主"。学会自我肯定，不是要去盲目自恋、自大，而是要学会从生活中的现象来认识自我到底是什么。

肯定自己就是尽力发挥自己的优势，多看多想自己好的一面，就能增强信心、充满活力。

比如说，人或因为先天或因后天而造成的外表缺陷，这都是自己无法自我选择的。但一个人的内心状态、精神意志却完全是靠自身力量的抉择。"天生我材必有用"，在纷繁的世界上尤应肯定自己，任何悲观情绪都不利于走好成长的路。

作为青少年，当遇到困难时，出去走一走，做一点别的事情。也许在做别的事情的过程中，困惑你的难题迎刃而解了。

2.学会自我肯定

如果青少年总是否定自我的价值，那么，必然会觉得学习只不过是一场无聊又无奈的噩梦和游戏而已。

要不然，为什么有些人在遇到无法跨越的障碍、无力解决的困难、无从挽回的挫折时，便会慨叹为何要生存在这个世界上？为何要担惊冒险，受苦受难？为何要忙忙碌碌，顾虑重重？要不然，为什么有些人在遇到挫折和困惑时，便会慨叹在人世间过眼云烟到底是为了啥？

我们来总结一些自我肯定的几种信条，或许也能够帮助青少年学会自我肯定，并让青少年有所成就。

第一，我是一个善良、有用、令人尊敬的人。

第二，我完全有能力达到今天确立的目标。

第三，我控制自己的思想、情绪和行动，并且指导它们帮助我改善身体素质、关系、工作以及生活。

第四，我相信自己承担风险的能力和判断力，这是对自己极限的挑战，我愿意接受此后的结果，以及因这个决定而获得的回报。

第五，我将为实现自己的价值而生活。

第六，从难题和挫折中学习，从中我能够抓住进步和成长的机会。

第七，我的精神、思想和身体是一支强有力的团队，它们能够使我不断超越自我。

第八，我是自己最好的朋友和教练。对自己说的，总是鼓励、支持和尊敬的话语。

第九，每天我都尽量让自己变得更有学识、更明白事理、更有好奇心、更有同情心、更有适应力、更加成功并且更有控制力。

第十，不管生命中会发生什么，我决心让自己快乐；

对照上述信条，积极付诸实践。切记："过去的已经过去了，就像一碗水洒出去以后，你再也找不到它的影子。"

你无法挽救昨天的失败，你无法挽留时间的流逝，你无法挽起失意的胳膊。但是，你可以为昨天的失败划上一个句号，可以为时间的流失贴上一个标签，可以为失意的胳膊做一个完美的告白。如果你可以满腔热情地投入到此时此刻，为你梦想中的明天和人生的另一半岁月流汗挥泪，那么迎接你的只会是人生丰硕的回报。

在自我肯定的过程中，你觉得自己所从事的活动就是在向人类示爱。当你把爱捐赠给他人的时候，他人总会回报你更多的爱。你处在爱的氛围里，你和你求助的人一样共同分享快乐的爱心。作为青少年，未来的路还有很长，学会自我肯定，往前走，就会又是一片明亮的天空。

温馨小提示

成长，是一个温馨而又严峻的过程、青少年必须要学会认识自己并肯定自己。

只有能够自我肯定的人，才能有自信提升生命的高度，才能自动自发地到达理想的彼岸。

尊重别人就是尊重自己

对于每一个人来说，最重要的东西就是尊严。自尊也叫尊严，自尊是每个人必须有的。每一个正直的人都应该维护自己的尊严。

人的一切尊严在于思想，没有任何事物比人的存在更高，没有任何事情比人的存在更具有尊严。

1.尊严无价

事实上，人的尊严可以用一句话来概括：即他的信念。尊严比金钱，地位，权势，甚至是比生命都更有价值。没有任何一个人愿意让别人对自己的尊严随意践踏。

尊严和自尊是每个人必须维护的权利，假如有人随意对你的尊严进行践踏，随意诬陷，对你的人格进行诽谤，那么你就要奋起，来维护自己的尊严。因为这是你的权利，也是你应做的事情，因为尊严不容许任何人来破坏，这样的人才是自尊的，才是自重的。

自尊就是力量。自尊的力量，足以化腐朽为神奇，变耻辱为荣光。许许多多的人，就是这样高擎着自尊的旗帜。凭着自尊的力量，在逆境中奋起，在挫折中挺进，披荆斩棘，一路前行，最终冲上了人生的巅峰。

人是有人性的，人是有道德的，人还是有尊严的，因为人皆有自尊，人皆需自尊。自尊，犹如一面旗帜，赫然凌驾于地位尊卑，家境贫富，能力大小，条件优劣等尘世俗念之上，在人类精神和灵魂的制高点高高飘扬。

2.生命的重量

有这么一位老师在课堂上向学生提问，发现班里一个学习最差的学生也跟其他孩子一样举起了手。然而，当他站起来回答时却一个字也答不出。

下课后，老师把这个学生叫到办公室，问他为什么不懂也举手？

学生哭着说："别人都会，如果我不举手别人会笑话我。"

老师于是告诉这个学生，下次提问如果会答就举左手，不会就高举右手。

以后，每看到这个学生举左手，老师都尽量给他机会让他答题，举右手时从不提问他。一段时间后，这个平素在班里学习最差的学生变开朗了，学习成绩也有了明显进步。

老师还悄悄告诉班里其他几个学习处在中下游的学生：不会时请高举右手。结果，他发现整个班都变了。正是由于这位老师给了学生的足够的尊严，他们的班级才发生了这么大的变化。这就是尊严的力量；这也是生命的重量。

自尊对于每一个人来说，都是同样重要的，也是不可缺少的。说到自尊，其中一个重要的因素，就是自己主动愿意成长为一个健全的人，从自身经历中去总结教训。

3.自尊的特征

针对自尊，著名的心理学家马斯洛总结出来的关于自尊的特征，就被学界称之为"第三种力量"。

第一个特征：有足够的现实感；

第二个特征：接受自我、他人和自然，包括人性；

第三个特征：自然，包括自发性、好奇心和单纯。单纯是所有正常人在年幼时所具备的天真气质；

第四个特征：目标定向。指专注心力去满足实现目标需要的能力；

第五个特征：良好独处。指独立思考和依靠个人判断的习惯，其前提是能够专一；

第六个特征：自主性。即不受社会准则、物质条件和逆境影响的独立性，使自己保持内心的安详与平静；

第七个特征：亲密。是对他人完全的开放与信任；

第八个特征：高峰体验能力。不存在先入为主，乐于体验强烈的、非同寻常的经历，是一种超越自我、时间和空间的"投入状态"；

第九个特征：合作感包括对他人的接受、忍让和宽恕，对多数人富于博爱之心，对少数人予以特殊关注；

第十个特征：民主性格结构是一种对他人尊严的坚信，不在乎个体差异，看人重内心而轻外表。

有人曾经说过，尊重别人就是尊重自己。因此，每一个人都要学会自尊和自重，并学会保护自己的尊严。

作为青少年，在成长的道路上，需要把自己的自尊和尊严放在最重要的位置上，并把保护自己的尊严认真地进行实践。

没有最好，只有更好。就让我们将保护自己尊严这项"伟大"的工程进行到底！

温馨小提示

青少年在与别人交往中，若能很好地理解别人、尊重别人，那么就一定会得到别人的理解和尊重。正如古人孟子告诉我们那样："爱人者，人恒爱之；敬人者，人恒敬之。"

懂得尊重，是做人最起码的一种道德要求，是人生必不可少的重要素质，也是对他人人格与价值的充分肯定，同时，也是赢得他人对自己尊重的基础。

第三章

培养坚强的自信心

　　花儿的美丽，不仅在于它绚丽的色彩和动人的外表，更在于其中蕴含着耀眼的生命光辉。

　　有的人之所以引人注目，不仅在于外貌的漂亮初衷，还在于一种发自于心灵深处的自信。

　　自信之于人生，就像是生机之于花朵，是一种灵魂的力量。

没有自信就无法健康成长

每一天，太阳东升西落，可是人世间却演绎着不同的精彩生活。无论快乐还是悲伤，都是最真的生活。

青少年或许曾经失败，曾经落寞痛苦。如果害怕失败而停滞不前，那么成功就永远不会降临到你的头上。假如撑起自信的风帆去奋力远航，就会在成长中发现许许多多意外的惊喜，就会发觉到自身所具备的无穷的潜力。

1.魅力来源于自信

浑身都是音乐细胞的指挥家小泽征尔是世界著名的交响乐指挥家。他的指挥风格，既能热情洋溢、豪迈奔放地将乐曲引向高潮，又能恰如其分地控制速度和力度的变化；他善于运用带有表情的目光和"会说话"的双臂来表达自己的思想，音乐表现意图十分明确。在他的演奏中，观众们似乎都置身于音乐的海洋中流连忘返。

有一次，他去参加世界优秀指挥家大赛，在最后的前三名角逐时，他是最后一个参赛的。评委会交给他了一个乐谱，让其按照上面的指挥演奏。

小泽征尔以他精湛的演奏技艺，全神贯注的挥动着他的指挥棒。可是正演奏中，他突然敏锐地发现了乐曲中出现了不和谐的地方。

刚开始，他以为是乐队演奏出了点小差错，就让乐队停下来重新演奏，但仍然觉得不自然，不对劲。他觉得可能乐谱存在问题，于是他就询问在场的评委们。

这时，在场的作曲家和评判委员会权威人士都郑重声明乐谱没有问题，是小泽征尔自己出错了。他被弄得很难堪，在这庄严的音乐厅里，面对着这么多的音乐权威，它对自己的判断产生了怀疑与动摇。

经过慎重思考，他还是坚持了自己的感觉。于是，他坚定地对着在座的那些音乐权威们说："不，一定是乐谱错了！"

话音刚落，评委席上的评委们立即站起来向他报以热烈的掌声。

原来，这是评委们精心设计的"圈套"，以此来检验指挥家在发现乐谱错误并遭到权威人士"否定"的情况下，能否坚持自己的正确主张。

而前面两位参加决赛的指挥家，虽然也发现了其中的错误，但都因为附和权威们的意见而没有表明出来，却因此而被淘汰出局。这样小泽征尔多因为充满自信而最终夺得世界指挥家大赛的桂冠。

假如，小泽征尔当时也像前两位演奏家一样，没有坚信自己的感觉，那么他就将与成功失之交臂了，虽然他离成功只有一步之遥。

2.成长需要自信

这就是说，只有肯定自己才能看见成功。只有相信自己，才会离自己的梦想越来越近；反之的话，就会与梦想越发的背离。

在成长的道路上，青少年会遇到各种各样的挑战和困难。但是如果因此而丧失对自己的信心，否认自己的能力，那是万万不能成功的。无论任何时候，青少年都要保持一颗乐观向上的心，保持自信心。

面对失败和挫折，自信的人能够坚定不移的前进，克服眼前的一切困难，在失败与挫折中越挫越勇，最终获得成功。而缺乏自信的人，却因为"一朝被蛇咬，十年怕井绳"，害怕再次失败而畏首畏尾，自暴自弃，从而放弃了努力奋斗，从而错失了许多机会。所以，自信与否，是成功的关键。

自信是走向成功的阶梯，自信是这样一种东西，没有它你什么也做不成。俗话说，世上无难事，只怕有心人。自己的命运掌握在自己手中，天上不会掉馅饼，所以唯有相信自己，唯有对未来，对自己充满信心，才能改变自己的生活。

一个自信的人，浑身都会闪耀着别样的光芒，这光芒令周围的一切都逐渐向好的方面发展。反之，若破罐破摔，生活将会越发的糟糕。

温馨小提示

自信是促使人发奋努力的内在因素。它能使人产生巨大的力量，这种催人向上的力量，既是一种强大的驱动力，又是一种强大的自我约束力。

可以这么说，自信为我们的人生搭建了一个绚丽的桥，这条路的尽头就是成功。

不要让挫折动摇信心

每个人都有自己的梦想，有些人甚至一辈子都在为实现梦想而奔跑，青少年的梦想更是丰富多彩，千奇百怪。

可是，这条奔跑的路并不平坦，一不小心就会让人摔上一跤，并且摔得很疼，这就是挫折。不过挫折并不可怕，可怕的是沉溺于失败和懊丧之中不能自拔。

1.迎接挫折，接受生命的洗礼

如今的青少年大多在优越的生活环境中成长，就像参天大树下的一株小草，没有经历过风吹雨打，所以应对挫折的抵抗力也十分微弱，学习或生活中的一点困难就足以将他们打倒。

再加上青少年身心的发展都不成熟，不稳定，一旦被打倒就很容易出现情绪上的波动，极度地悲观失望、自暴自弃，有些人甚至为此付出了宝贵的生命。

青少年面对挫折，唯有张开双臂，勇敢面对，越挫越勇，才能使自己永远立于不败之地。

挫折是一个人走向成功不能缺少的经历，不要用"不可能"来否定自己，更不要害怕挫折，敢于挑战艰难困苦，才能真正地改变自己的命运。

青少年们要相信挫折只是暂时的，只要有勇气去面对和战胜它，明天的太阳一样会准时升起。

青少年是未来与希望，肩上背负着重要的使命，更要具有一种和挫折斗争到底的精神。不要因为一次考试的失利而耿耿于怀；不要因为自己的出身贫寒而感到自卑；不要因为遇到阻碍和干扰得不到满足，而表现出消极心态；不要在苦涩的泪水中蹉跎、惆怅、忧伤。

即便前面是暴风骤雨、电闪雷鸣，只要我们有满腔热血、斗志高昂，就一定能迎来一个新的黎明。

2.挫折也是一种幸运

有时候挫折也是一种幸运。纵观历史，失败与成功之间，往往有一个艰难曲折的过程，有人曾经把这个过程比作是桥梁。有些人历尽千辛万苦穿过了桥，而有的人却在桥的中间掉了下去。

青少年遇到挫折时，不要惊慌失措，要相信自己。因为这时你根本就不能确定这是福还是祸，即使不是每个人都那么幸运，但也要坚信，挫折在给你带来"祸"的同时，也必定给你带来了一些其他的东西，关键是你能否发现。

挫折在意志薄弱者面前，犹如一道万丈深渊，会使他们一蹶不振；然而在坚强者面前，挫折化为动力，使他们成长，帮助他们走向了成功。

因此，青少年应该学会从挫折中总结经验教训，把挫折当作是新的起点，不要因为惧怕再一次的受伤而放弃了近在咫尺的成功，敢于面对挫折的人是最坚强的。

温馨小提示

挫折不仅是一种磨难，更是学习和锻炼的好机会，就像扑鼻的花香一样，只有经历过严寒才能向世人展示它的芬芳。

青少年只要能够用乐观的心态来看待挫折，希望就永远存在，成功就一定能够向我们走来。

你比想象得更优秀

每个平淡无奇的生命中，都蕴藏着一座金矿，只要肯挖掘，沿着哪怕是微乎其微的一丝优点的暗示，也会挖出令自己都惊讶不已的宝藏。

因为，每个人都比想象中的自己优秀，尤其是青少年，他们内在的潜力是无限的，因此青少年要清醒地认识自己。

1.不要只看到眼中的不幸

有些时候，青少年总喜欢把放大镜放在自己的过失上，似乎觉得这就是自我批评。

还有些时候，青少年总喜欢把目光停滞在伟人、明星、富翁的身上，似乎觉得威望、光环、财富就是幸福。

其实大家大可以不必理会这些，它们根本算不上什么，因为你很优秀，真的很优秀，只是自己不知道而已。青少年总认为自己平庸、无所作为，没有优点只有缺点，这就大错特错了。

其实每个人都有优点，即使一个再有缺陷的人也可以瞬间把劣势变为优势。所以说青少年要展现给大家一幅富有活力的画面，不必看轻自己。

人的潜力是无穷的，只要能认识到自身的宝藏。认识自我，认清自我，你就是一座金矿。

2.打破障碍，发现自己的优点

能够阻碍自己的人只有自己，就是自己的思想。很多的时候，人们用自己的思想为自己做了一个牢笼，一个看不见摸不着却时时禁锢着自己的牢笼。就是这样一个牢笼，总是导致自己发现不了自身的优点。

那么，青少年们该怎么做呢？我们应当有所突破，突破自己做成的牢笼，去挖掘属于自己生命中的那座金矿。我们应该多倾听来自自己内心的自信的声音，用它作为铁锤，敲开禁锢自己的牢笼，努力开掘自己这一座富含宝物的金矿。

俗话说：一个人最大的敌人莫过于自己。而人类，又常常败在自己的手下。孙子说："知己知彼，百战不殆"，只有认识到真正的自我，才能放出希望的力量，去寻找属于自己的那片天空，去创造辉煌，奏响人生最美的乐章。

如果青少年正在为自己长得不好看而发愁，也许别人会觉得你有别样的气质；如果青少年正在为学习成绩而担忧时，也许别人会觉得你有自己的思想和抱负；如果青少年正在为自己懦弱的个性苦恼不已时，也许别人会觉得你的个性沉稳、遇事不慌张……其实，这些都是值得你自己挖掘的宝藏。

温馨小提示

有些青少年无论在学习上，或是生活上，往往把困难看得太多，缺少足够的自信。实际上自己比自己想象的优秀很多，只是没有去努力，去拼搏而已。

如果有百分之一的希望，就用百分之百的努力去争取。那么，你一定会发现，真的比自己想象的更优秀。只要青少年义无反顾地去做了，就不会留下遗憾，因为你尽心了，努力了。

相信自己是独一无二的

在这个世界上找不到完全相同的两片树叶；在这个世界上找不到完全相似的两双手掌；在这个世界上找不到经历完全相同的两个人。

每个人都在这个世界上独一无二地存在着，你的价值只能由自己来决定。

1.自信自己是独一无二的

有段话这样说：自从上帝创造了天地万物以来，没有一个人和你一样。你的头脑、心灵、眼睛、耳朵、双手、头发、嘴唇都是与众不同的。

把自信种在心上，会开出勇敢的花，闭上眼睛你会闻到一阵芳香。让自信永驻心间，你就能够带着梦想走向远方。

青少年朋友，不要被生活中的一些琐事所牵绊，不要被自身的一些缺陷所折磨。金无足赤，人无完人。人不可能在各方面都非常优秀，都或多或少在某方面存在一定的缺陷，就是那些伟人也毫不例外，甚至他们的缺陷可怕得很呢？拿破仑的矮小、林肯的丑陋、罗斯福的小儿麻痹、丘吉尔的臃肿，哪一样不同样令人痛不欲生？可他们却拥有辉煌的一生！

所以，你一定不要被这些外在的因素所打败，真正能打败你的是自卑，真正能够给你力量的是自信。甩掉那该死的自卑吧，让自信永驻心间，因为你是自然界是伟大的奇迹，你是这个世界是独一无二的。

2.你就是你，你是独一无二的

也许你不是朋友中最美丽的，但是你可以成为最可爱的那个；你不是最聪明的，但是你可以成为最勤奋的那个；你不是最健壮的，但你可以成为那个最乐观的那个……让自己成为那个最好的自己，因为你就是你，你是独一无二的。

父母一定要让孩子懂得：父母也许可以给你天空，但却给不了你翅膀，只有让自己内心充满自信，才能展翅飞翔。父母也许可以给你道路，但却不能替你走路，只有让自己内心充满自信，才能健步如飞。

生活中只有一种永恒的美丽，那就是自信！自信的人永远是最美的！自信就是她最好的化妆品。

青少年如果看不到自己的长处，对自己的估计过低，常常容易导致自卑的产生。也经常会因为一些小事而瞧不起自己，觉得自己生来比别人低一等。自卑会使一个人消极，悲观，一事无成。所以我们应该努力去打败它，把它从生活中赶出去。

温馨小提示

相信自己是独一无二的需要足够的自信，如果青少年是一个自卑的人，一定赶快让自己从自卑中走出来。在我们的生活中，一定不要让自己陷进自卑的魔掌，要养成自信的良好习惯。相信你是自然界最伟大的奇迹，相信你是最棒的，你是独一无二的，带着自信上路，你将无所不能。

没人能让你贬值

一个人不可能孤独地生活在这个世界上，既然不能做到与世隔绝，那么青少年就必须学会面对世俗观念与偏见的洗礼和挑战，学会辨别尘世中的陷阱和诡计，否则你会很容易被世俗的滚滚洪流所淹没！

青少年们要知道，除了自己，没人能让我们贬值，自己的价值是由自身决定的。

1.冷淡别人的挖苦

青少年的阅历还太浅，不明白社会上的人情冷暖。有时候，面对别人的挖苦、嘲弄、贬低会感到心情失落，不知所措。其实，青少年要知道，现实世界是残酷的，在生活中，你也许能够得到的真心鼓励并不多。

或许在日常生活中，常碰到下面的事。

无论你是处于弱者、失败者、平凡者、还是成功者，不管你长得美丽还是丑陋，不管你喜欢说话还是不喜欢说话……也许都会无缘无故地受到一些无聊人士的挖苦、嘲弄、贬低与诋毁，假如你毫无辨别地全盘接受了别人强加于你的负面信息，那么，不用多久就会自己无所适从。

事实上，挖苦与嘲弄就好像是一阵风，刮过之后不会留下任何痕迹；贬低与诋毁犹如湖面的波纹，同样会自生自灭！

无论何时，不论何地，只要你学会擦亮自己的眼睛，善于管住自己的心灵，你将会发现，无论多么尖刻的挖苦与嘲弄，不管多么猛烈的贬低与诋毁都将对你毫发无损，甚至不会在你平静的心湖里留下些许的涟漪。别人并不了解你，对你来说他们所言并非事实，那又何必为了一句传闻而耿耿于怀呢？

2.相信自己是最优秀的

当我们在遇到别人不公正的评论时候，只要不伤及个人尊严问题就让别人说去吧！毕竟人无完人金无足赤。别人说的对你认真接受，说的不对你就当他唱歌，不要放在心上，这个世界上有那么多的无聊的人，如果你都和他们计较，怎么会有好心情呢！

因此，与其生活在别人的口中，还不如坚定地走自己的路！其实，你的人生价值、你的喜怒哀乐、你的言行举止、你的精神面貌，全都来自于你的内心，只要你不让自己痛苦，那么没人能令你痛苦，只要你自己不贬低自己，这个世界任何一个人都不能把你贬低！

从古至今，放眼世界，只要是有人活动的地方从来就没有缺少过喜欢挖苦、嘲弄、贬低与诋毁别人的无聊人士，当然每个时代同样不会缺少接受不了挖苦与嘲弄，化解不了贬低与诋毁，而最终一蹶不振，甚至走上绝路的人。

现实生活中，这些现象似乎是司空见惯，但每每想起却又令人感到无比的心痛和惋惜。其实，无论是挖苦、嘲弄也好，贬低、诋毁也罢，这些只不过是无聊人士的把戏而已。

青少年要相信自己是最优秀的，别人的任何语言攻击都改变不了你良好的心态。在这个世界上，没有人能让我们贬值，自己的价值是由自己决定的。

温馨小提示

青少年不要惧怕别人比自己更优秀，如果你发现了这样的人，不论他是专才，还是全才，说明你已经有了一定的鉴别能力，你已经向优秀迈进了一大步。

如果你能不断地研究和学习他的优点，那么，迟早有一天，会和他一样优秀，甚至更优秀。如果你能把几个优秀的人的优秀学到手，那么，你将会比他们更优秀。如果坚持这样做，就没有人能让你贬值！

告诉自己我能行

哈佛大学曾经有个心理学家做过一个这样的实验:他将一份名单交给校长，声称上面的学生经过智力测验(其实，这个测验结果纯属虚构)，具有很大的潜力(即我们说的"尖子生")。

学期结束后，名单上的学生果然成绩名列前茅。这时那个心理学家才告诉学校老师和父母，这份名单只是他随机挑选出来的，与那个所谓的测验是毫无关系的。

那么，这个预言为什么会成真呢? 在心理学上，这种现象称之为"自我验证预言"。人是社会化的动物，其行为受到社会预期的影响。即，人们会有意或者无意地按照社会的"期望"进行自我暗示，这样一来，自然就会影响最终的结果。

心理学家的名单就暗示老师们要"重点关照"那些学生，而那些学生又会时时提醒自己是"尖子生"，用高标准来要求自己，最后自然就会取得好的成绩。

1.对自己说："我能行"

有个男孩生性胆怯，因为他天生就有些口吃。其实并不严重，但他却长期地生活在自卑的阴影之中，脑海时时浮现自己在课堂上的尴尬场面，耳畔时时响起同学们的嘲笑声，长此以往，他的缺陷越发明显。

其实，他的声音很动听，有一个当广播员或是演讲家的美好愿望。私底下，在准备很充分情况下，在不紧张时他的表现的确非常好，几乎听不出他的缺陷。

如果他主动告诉别人，别人会显出很惊讶的表情，说："不会吧，我怎么没听出来呢？你演讲得很不错啊！你在重要场合是怯场吧？"

后来，那个男孩经过老师的鼓励，克服自卑意识，坚持自我练习，终于克服了自己的缺陷，屡屡在学校的演讲比赛中获奖，学习成绩扶摇直上，最终如愿以偿地考取了广播学院，实现了自己的理想。

要想让别人肯定你，首先自己要肯定自己，自信一切困难都难不倒你。对横亘在你面前的所有障碍，你都能努力跃过去去。不要轻易否定自己的能力，不要为自己的心灵设限，时常告诉自己，我得行！只要你充满自信和勇气去做，就会有出色的收获。

2.让自信把"不可能"变成"可能"

只有肯定自己才能看见成功。只有相信自己，才会离自己的梦想越来越近；反之的话，就会与梦想越发的背离。

人生中，"不可能"这个词语，只是一个人给自己找的一个放弃的理由。要相信不同的做法就会有不同的结果，没有人类做不到的事情。

其实，在生活中，常常听到"不可能"之类的话语，主要原因就是：遇到困难与挫折时不敢去闯，认为自己不行，不可能做好这件事，所以就选择了放弃。

如果你一旦改变这种想法，始终对自己说："我肯定会做到，而且还会做得很好，因为我相信没有做不到"的事情。那么你从此对"不可能"说再见了，你的人生中就不会出现"不可能"这三个字了。

信心能使人在穷困坎坷中挺起脊梁；它能使人的头脑发挥出绝顶的聪明才智、创造非常的功绩；只要你的信心十足，你自然就能把握所有存在的机会，牢牢抓住一切可以得到的机会，把"不可能"变成"可能"。

大多的事情证明，"不可能"的事情只是暂时的，只是人们还没有找到解决它的办法而已。所以，亲爱的青少年朋友，当你遇到难题时，永远不要让"不可能"束缚了自己的手脚。

有时候，只要再勇敢地向前迈一步，再坚持一下，再多给自己一点信心，也许"不可能"就会变成"可能"。因为成功者之所以会成功，就是因为他们对"不可能"多了一份不肯低头的韧劲和执着。

温馨小提示

每个青少年都有自己的梦想，其成功与否，操之在己。虽然，实现梦想这条路很艰难，但是，只要心存希望，手握自信，永远不说"放弃"，永远不说"我不能"，你就一定可以实现自己的梦想！

发掘自己的潜力

人的潜力究竟有多大，大多数人恐怕自己也不清楚。潜力如果不去挖掘，绝不会自己冒出来。

每个人都有很大的潜力，一个成功的人一定会把自己的潜力挖掘出来。当一个人为自己所迸发出来的潜力而惊异时，他就会拥有自信与信念。

青少年朋友应该坚信，把你的潜力挖掘出来，你就会成功。

1.相信自己潜力无穷

一个人想成功，但一直担心自己没有这个潜力，是不自信。其实，每个人都潜藏着无穷无尽的力量。当你把你的潜力发挥出来时，你就拥有了自信。没有自信，就没有成功。

古往今来，许多人之所以失败，究其原因，并不是因为没有能力，而是因为没有自信。你自信了，那么你就成功了一半。拥有了自信，就能使不可能变为可能，使可能成为现实；反之就会使可能变为不可能，使不可能成为永远的不可能。自信是成功的基石，没有自信就谈不上成功。

俄国的罗巴切夫斯基发表非欧几何理论后，曾受到不少人的攻击，甚至有人还说他是"精神病、疯子"，对于这些，他毫不理会，他信心百倍地坚持着自己的研究，终于成为非欧几何学的创始人。

居里夫人为了提取纯镭盐，曾终日在简陋的棚屋里穿着沾满灰尘和污渍的工作服，从堆积如山的沥青矿的废渣中寻觅镭的踪迹。

可以想象到她所处环境的艰苦，但她却充满自信地对友人说："我们应该有恒心，尤其要有自信心！我们必须相信我们的天赋是用来做某种事情的，无论代价多大，这种事情必须做到。"最后，她成功地证实了镭的存在。

可见，自信心是成功必不可缺的条件，如果他们对自己没有信心，那么今天或许我们还不知道镭的存在，他们的事业也必定会由于没有自信心而导致失败。

在这里，我们知道人的潜力是无穷无尽的。我们总说社会上缺乏人才，事实上并非如此，而是因为缺少自信心和勇气。

太满足于现状就会使人停滞不前，这样也就不会发现自己的潜力，如果生活中我们可以多给自己一些自信、刺激、勇气与毅力，就会把自己的潜力发挥出来，创造出连自己也想象不到的成功来。

作为朝气蓬勃的青少年，更应该充满自信心，只有拥有了自信心，才能充分发挥自己的主动性、积极性与创造性，从而有效地把自己的潜能发挥出来。

一个自信心强的人，一般总具有坚强的毅力，一个具有坚强毅力的人，他不会因为成功而骄傲，也不会因为失败而气馁；成功能促使他不断奋进，失败也能勉励他再接再厉。

2.心有多大，潜力就有多大

潜力的大小没有等级、年龄的差异。总是有人问一个人的潜力到底有多大，这个问题没有人能够准确地回答，尤其是在巨大的压力下激发的潜力更是不可估量。

每个人都带着无尽的潜力来到这个世界，人的记忆、创造能力是与生俱来的，是大脑的潜力，一个人的能力比自己想象的还要大得多。于是出现了这样的回答"心有多大，潜力就有多大"。人的大脑内部有千亿个神经细胞，大脑的潜力是最令人敬畏的，也是最令人难以捉摸的。我们必须相信，自己与生俱来的潜力还没有完全展现出来。

现实生活中，很多人都为成功付出了努力，事情没有成功便安慰自己说是没有这个潜力。实际上，这是在给自己开脱。任何一个人都具有成功的潜力，只要你自信、有勇气、有毅力、敢于拼搏，成功就会降临于你。

成功的人之所以能够成功，并不是因为他有超人的能力，也并不是因为上天的眷顾，而是因为他有目标、有自信、有毅力，所以他成功了。一个人是否能成功，完全取决于自己的心。

作为青少年，为了自己的成长发展，更需要发挥自己的潜力。一个人的潜力有多大自己是不知道的，只要拥有一个自信的心态去面对世界，去挑战成功，你就会成为胜利者，这也就是所谓的"心有多大，潜力就有多大"。把自己身上处于休眠状态的潜力发挥出来，你就能创造出惊人的成果。

温馨小提示

人的潜力是无限的，虽然人的潜力一直在不断地向前发展，但今天仍处于低度开发的状态。

作为当代的青少年，在社会发展的今天，只有高度地挖掘出自己的潜力来，青少年的未来，才能更加灿烂美好。

命运就掌握在自己手中

青少年要学会自己掌握自己的命运，学会自己负责自己的人生。

1.求人不如求己

人生在世，不要想着把自己的幸福寄托在别人身上。要想过的幸福，过得自在随意，那就只有靠自己的双手与智慧，脚踏实地，埋头苦干。有一分耕耘，才会有一分收获。

人生什么事情都要靠自己去争取，去努力。不要妄想把希望寄托在任何人身上，对于自己而言，自己才是最可靠的。

在困难的前面不要想着依靠别人来帮你，能够帮你的只有自己。命运掌握在自己的手中。

成长的道路，并非一条充满鸟语花香的康庄大道，而是充满荆棘与陷阱的坎坷征途。漫漫人生路，有谁能说自己是踏着一路鲜花，一路阳光走过来的？又有谁能够放言自己以后不会再遭到挫折和打击？我们应该看到，成长的背后往往布满了荆棘和激流险滩！如果因为一时的失败就轻易放弃，到头来后悔的只是自己。如果因为害怕失败而丢掉前行的勇气，就永远看不到理想的影子。

2.手中紧握命运之线

有人相信生死有命，富贵在天。其实，命运天注定之类的话只是那些不想努力奋斗的人自我安慰的一种说法。所谓命运在自己手心里，说明人的命运其实是可以改变的，自己的命运可以自己改变。

早就有这句话：这世上从来就没有什么救世主，也没有神仙皇帝。因此只有挖掘出自身的潜在价值与能力，才能使生命绽放异彩，永葆青春。要创造自己的幸福，改变自己的命运，全靠自己的努力与付出。

假如你努力向上，不抛弃希望，不放弃理想，生活也会回赠给你一个微笑；反之如果你无所事事，不思进取，生活也将给你应有的惩罚。

人生的魅力，在于时时可以从痛苦的阴冷角落里启程，走向光明的远途，走向成长的未来。只要心中有梦想，不自暴自弃，生活就不会抛弃你。

与其抱怨命运的不公，倒不如振作精神奋起直追。滴水足以穿石。每一天的努力，即使只是一个小动作，持之以恒，都将成为明日成功的积淀。

温馨小提示

青少年正是学做人的时候，无论何时，都要相信自己的能力，用自己的才智铺就成长之道。

为了有好的发展，有时候，你可以借助别人的力量，但绝对不能将自己放弃。只要你把命运掌握在自己手中，那么，在艰难前行的人生途中，就会充满希望和成功！

第四章

培养宝贵的爱心

　　爱心是一首飘荡在夜空的歌谣，使孤苦无依的人获得心灵的慰藉；爱心是一种奇妙的力量，它可以传递温暖，还能够创造奇迹。

　　是爱心带给了成长的孩子们青春最纯、最真的感觉，它流露的是美的誓言，渗透的是人间永恒执著的真爱。

　　爱心会让我们懂得生命价值的真谛，让爱心永存，托起青少年生命的方舟！

学会去爱，学会感恩

在我们的生活中，很多的事情并不是随人所愿的。有很多孩子从小就感到自己活得太累，太不快活。

究竟什么原因使他们不快活？他们可能埋怨自己的生活太艰苦，可能埋怨自己的成绩不争气，可能埋怨同学间人际关系难处……最终原因是自己的快乐欲望得不到满足。

1.人生在世，长存感恩

生活中，我们仔细观察一下，你就会发现生活中总有值得去爱的一切，不要责怪现实的冷漠，忘记了去寻找生活中应有的快乐。

英国作家萨克雷说过："生活就是一面镜子，你笑，它也笑；你哭他也哭。"送人玫瑰，手有余香。无论生活还是生命，都需要感恩。常怀感恩之心，就是对世间所有给予自己的帮助表示感激，并铭记在心。只要我们常怀感恩之心，相信你会有所收获。

一对夫妻很幸运地订到了旅行的火车票，上车后却发现有一位女士坐在他们的位子上。先生示意太太坐在她旁边的位子上，却没有请那女士让位。太太坐定后仔细一看，发现那位女士右脚有点不方便，才了解先生为何不请她起来，他就这样从嘉义一直站到台北。

下了车之后，心疼先生的太太就说："让位是善行，可是起点到终点那么久的时间，中途可以请她把位子还给你，换你坐一下。"

先生却说："人家不方便一辈子，我们就不方便这三小时而已。"太太听了相当感动，觉得世界都变得温柔了许多。

"人家不方便一辈子，我们就不方便这三小时而已。"多浩荡大气、慈悲善美的一句话。它能将善念传导给他人，影响周遭的环境氛围，让世界变得善美。

"善良"，多么单纯有力的一个词汇，它浅显易懂，它与人终生相伴，但愿我们能常追问它、善用它，因为古人早就叮嘱过"善为至宝"，一生用之不尽啊。

人人都应该常存感恩的心，这会减少一些抱怨牢骚、烦恼仇恨，心胸就会宽广和舒畅起来；常怀感恩之心，这是一种美好的情感，是生活幸福的催化剂，是事业成功的原动力，是一个人走向高贵，还原纯真的净化器。

2.感恩之心，人皆有之

常怀感恩之心，是人类情感中至真至纯的芬芳美酒；常怀感恩之心，无论你贫穷还是富有，无论你顺境还是逆境，无论你成功还是失败；常怀感恩之心，在你闪烁着感激的泪光中，花儿般灿烂怒放的将是一个春光荡漾的美妙世界！

当你口渴时，爸爸给你递上一杯水，你是否感谢过他呢，当你烦恼时，向妈妈倾诉自己的苦恼，妈妈听完耐心地开导你，你又是否感激过她呢？常怀着感恩的心，接收关怀与帮助，摆脱烦恼和痛苦，从而快乐生活。

"谁言寸草心，报得三春晖"。父母给了我们生命，我们对父母要常怀感恩之心。是他们让我们来到了这个充满色彩的世界，让我们看到了世界的真善美。

从早上起来的一碗热腾腾的牛奶，到一年四季被子床单的换洗，我们应该心存感激，应该感谢上天给了自己那么好的父母，感谢父母给了自己健康的身体和一个完整的家。

老师给了我们知识，我们对老师要常怀感恩之心。是老师帮我们开启了知识的大门，是老师让我们懂得了在生活中如何对于别人的帮助去说一声"谢谢"，是老师让我们明白了受到别人的恩惠，当涌泉相报，是老师从青丝到白头在三尺讲台上教书育人，他们最大的心愿就是学生个个有出息。学生能常怀感恩之心就有用不尽的学习动力。

朋友给了我们友谊，我们对朋友要常怀感恩之心。朋友能与你患难与共，在你最困难的时候，朋友能千方百计帮你，给你"打气"，给你信心，帮助你跨过学习上各种各样的障碍物。让你刻骨铭心地觉得朋友的情谊终生难忘。

不要总记着生活给你开的某个玩笑，不要总想着这个社会如何待你刻薄。如果你总觉得不满足、亏得慌，心怀怨恨不满，你就会越加变得小肚鸡肠、牢骚满腹，你就会对生活失去信心，还会失去健康。以致孤苦伶仃，憔悴不堪，那么快乐和幸福只有永远与你行进在不同的平行线上。

只有知道了感恩，内心才会更充实，头脑才会更理智，眼界才会更开阔，人生才会赢得更多的幸福。懂得感恩的人，是勤奋而有良知的人，懂得感恩的人，是聪明而有作为的人。

人生没有什么不幸，值得让人永久地淹没在痛苦的海洋里。世间的纷争，生活的烦恼，永远也不会屏蔽我们心中发出的淡泊而宁静的妙音。

所以在现实生活中，就要常怀一颗感恩之心，让宽容与你我同行，我们应该乐观地对待生命，宽容的善待一切。

对于你周围的朋友、同学，说声谢谢，会让他们感到快乐；对你熟的人说声谢谢，他们会有种付出得到肯定的满足；对陌生人说声谢谢，会拉近彼此之间的距离。

只要你能正视生活，"命运"，不足以阻挡你的前程。

温馨小提示

感恩是积极向上的思考和谦卑的态度，它是自发性的行为。当你懂得感恩时，便会将感恩化作一种充满爱意的行动，实践于生活中。

一颗感恩的心，就是一个和平的种子。感恩是一种责任、自立、自尊和一种追求阳光人生的精神境界！感恩是一种处世哲学，感恩是一种生活智慧，感恩更是学会做人，成就阳光人生的支点。

爱，意味着对人的尊重

爱，是超越生命的情感；爱，意味着对人的尊重。

生命从爱而来。父母相爱，所以我来到了人间；兄弟姐妹相爱，所以有了一个温暖的家。现代的社会都提倡"爱"，有爱就是温暖的人间。爱，好比是阳光、空气、水；没有阳光、空气、水的爱，生命就无法生存了。

但是，爱也要爱得正当，爱得合理，爱得尊重，否则假爱的善名，做丑陋的事情，那就为人所不齿了。例如，有人把爱当作招牌，有的人把爱当为占有，有人把爱当成自我。其实都是因为不懂得爱的含义。爱，首先要学会尊重。

1.尊重自己才能更好地爱别人

人世间的爱有无数种表达的方式，理解并尊重你所爱的人，无疑是明智的。

俗话说，没有尊重就没有爱。所以你不爱他人，他人也就不会来爱你。如果你要爱一个人，你首先就要学会尊重那个人，而你第一个必须尊重的人就是你自己。试想一个连自己都不尊重自己的人，那他怎么能爱自己呢？一个连自己也不爱的人，怎么可能去爱别人呢？所以说：你想在自己的生命中充满爱，就必须首先学会爱自己。

所以要想得到别人的爱，首先你要付出自己的爱。要想得到别人的尊重，首先学会去尊重别人。在去尊重别人之前，必须首先学会自己尊重自己。

一旦我们理解并欣赏自己的价值，学会了如何尊重自己，进而爱自己的时候，你和他人在一起就会显得轻松、自然、和谐。因为你使用一种尊重的眼光去看别人的时候，很自然，你的态度就会显得温和亲切，这时你也就感觉到自己能够去爱别人了。

2.爱你，就会尊重你

能够爱人是一种能力。爱，是需要尊重来浇灌培养的，尊重对方的想法、处事方式，对方的人格、信仰，这样才能理解对方；才能在他人颓废徘徊于人生岔口时，给予真诚的鼓励；才能在别人成功潇洒地登上人生的小站时，传送衷心的赞美。

爱的前提是尊重。只有展现出你的尊重，才能最好地诠释爱的真谛；只有展现出你的尊重，才能最好地燃放爱的光芒。孩子们就是要在家庭和学校内不断的体验尊重，从而树立尊重的理念、思想、观点，培养尊重的行为习惯，学会尊重的方法。

如果爱是火炬，那么尊重就是烈焰，只有燃烧着的火炬才能诠释它的力量；如果爱是一只雄鹰，那么尊重就是翅膀，只有翱翔于蓝天的雄鹰才能代表他的勇猛；如果爱是嫩绿的禾苗，那么尊重就是水，只有水才能浇灌禾苗茁壮成长。

爱就是对人或事物有深厚真挚的感情。学会在生活中真正地去爱别人，那么别人一样，也会尊重你的。伟大的爱，就是与世俗相差很大的情感。如果每个人的心中都有真正的爱，这世界将因为充满爱而美好。

温馨小提示

爱是相互的，你尊重别人，别人就会用同样的尊重来回报你。给人一份温暖，你会收获整个春天的绿色；给人一缕阳光，你会收获整个夏季的灿烂。

爱是无私的，你在心里埋下一颗爱的种子，经过生活的不断滋养，它就会长成人生枝繁叶茂的大树。

爱心是生命的阳光

伟大的爱，需要用爱心温暖自己，也需要将爱心传递给别人。多给别人一点关爱，就会温暖一个寂寞的心，就会给一个人带来许多的快乐，而自己也会从中感受到别人的快乐。

在许多人看来，财富和物资就是爱的奉献和付出。其实，在别人困难之时给予一个关爱的眼神、一个善意的鼓励，这些都不需要你有很昂贵的付出。

1.生命要有关爱

"只要人人都献出一点爱，世界将变成美好的人间。"我们的世界需要爱；爱，编织了我们这个缤纷多彩的大千世界。关爱他人，助人为乐，是中华民族的传统美德，也是一个人高贵品质的表现。

何为"人"？一撇一捺即为"人"。人的一半是你，另一半就是我。这就注定了人和人之间是有关联的，人与人之间是分不开彼此的。因为关爱别人，也就是关爱自己。

曾有这么一个故事：在一个地方，有一群饥饿的人正围着一口大锅坐着，锅里有许多美味食物，但每个人都有一把长长的汤匙，因汤匙的柄太长，无法把食物送进自己的嘴里，所以这群人仍然饿着。

但另一个地方也有一群人围着煮食的大锅坐着，每个人也有一把长长的汤匙。但所不同的是，这是一群善良的人，他们分别用长长的汤匙盛着食物往对方的口中喂去，他们在帮助他人的同时，也使自己吃饱了食物。

由此可见，幸福获取的条件大家彼此都是相同的，但结果却是大不一样的。首先是你自己要做到主动为别人的幸福创造条件，才能会为自己的幸福创造条件。

只有首先做到我为人人，才能换取人人为我。在现实生活中，试想你在看见小偷正在偷别人的财物时，而你却默不作声、袖手旁观，你能奢望别人在你遇到困难时会为你伸出援助之手吗？想想那些拿着长长的汤匙的人，只有把汤匙盛满食物送进别人的口中，别人才会把食物送进你的口中，如果不然，只有像第一群人一样，守着汤匙挨饿。

2.传递爱心，处处有温暖

在人生的长河中，每个人都难免会遇上不可预测的困难而需要得到别人的帮助。当别人遇到困难时，我们伸出热情的援助之手，帮助别人搬走脚下的绊脚石，实际上也是为自己搬走了绊脚石。由此，关爱他人，就如同关爱自己。

我们用美丽的心灵，传递人间的真情，把关爱作为生活中的一部分，把关爱放到我们做的每一件事情中，成为我们思想道德中的一部分。用自己的真心关爱他人，用自己的诚心温暖社会。

"在寒冷中最先死去的不是没有衣服的人，而是自私的人；只有相互拥抱才能带来温暖。"是的，关爱是如此重要，它是维系人与人之间美好关系的桥梁。关爱他人并不一定要牺牲自己，小小的关爱也是最大的善行。所谓平凡之中见真情，有许多事都是从不起眼的小事中体现出来的。

温馨小提示

爱心，是生命里的阳光。它让我们拥有的每一个日子都变得缤纷多彩，每一个历程都变得温暖明亮。

关爱自己，学会脚踏实地走向明天；

关爱他人，让需要帮助的人感受到社会的温暖。

关爱世界，让每一个角落都充满温馨善良！

爱是无私的奉献

法国著名作家罗曼·罗兰曾说："爱是生命中的火焰，没有它一切变成黑暗。"哪里有真爱，哪里就有真情。

有人说：爱是理性的太阳，温暖着人群，照耀着世界。爱是感情的江河，浇灌着今天，滋润着未来。爱是一份无微不至的关心，是一份责无旁贷的责任。是一种深刻的认识，是一种理解的尊重。

1.爱是无私的奉献

青少年在现实生活中，应该养成多给别人一点关爱的思想意识。有时候，长久的怨恨可能就在那一个充满真诚的微笑当中化干戈为玉帛；给别人一点关爱，也许是一句微不足道的话语，都可能会在一块荒芜已久的心田中绽露出绿色。

爱是人的一种基本需要，失败的生活往往是缺乏爱的生活，它必然会给人带来问题、烦恼、疾病甚至生命的枯萎。

我们常常会发出这样的疑问：爱是什么？其实"爱是关心，爱是理解，爱是无私的奉献。"它是一种无私奉献的精神，具体的反映和体现正是社会成员对国家、集体和其他需要帮助者的一种纯洁高尚的道德义务关系。

人的一生不能没有爱，有了爱的生活才是最美好的生活。我们应该学会爱自己，学会爱自己的亲人、朋友，但更应该去爱周围的人，爱整个社会和人类。

如果一个人只爱某一个人，显然那种爱不是真正的爱，它应是共生的依附，是一种扩大了的自我主义。倘若一个父母只爱自己的孩子，可他却丝毫不关心、不爱其他的人，对其他的人表现得很自私，甚至残忍。这就是一种自私的爱，也可以说是一种虚假不真实的爱。我们应该丢弃这种狭隘的爱。

2.爱是永恒不变的美

爱是这样的真，这样的纯。爱是美丽的港湾；爱是纯洁而美丽的绿荫；爱是宽容又和谐的博大胸怀……总之，爱是公共的，只要你真心付出，就可以拥有它。爱的方式可以有很多种，爱的含义同样也是很多的。

在这个世界上，父母的爱是最伟大的爱。父母对子女的爱更是无私的。他们日夜守护着儿女，精心呵护着儿女。父母不求什么报酬，只是盼望儿女茁壮成长。当有一天我们成就辉煌，我们不能忘记父母，因为我们今天所取得的一切都要归于父母伟大而无私的爱。

唐代诗人孟郊在《游子吟》中写道：慈母手中线，游子身上衣。临行密密缝，意恐迟迟归。谁言寸草心，报得三春晖。这首诗描绘了一位慈母，在为即将远行的儿子赶制衣服的动人情景，将母亲疼爱子女的深厚感情表现得淋漓尽致，同时也抒发了子女要报答母恩的炽烈情怀。爱的伟大，真的让人感动不已。

爱没有贫贱富贵之分，我们要想照亮世界的每一个角落，那我们就要真心真意地爱，并且我们要把爱奉献给我们身边的每一个人。

温馨小提示

爱其实就是生活中的点点滴滴。一件简单的礼物，一句安慰的话语，一个温馨的动作，这都是爱的表现。建立在金钱上的爱永远只是低级的爱。爱就是让对方过得幸福，生活的快乐。

爱其实就在我们身边，在我们的生活中，只要我们学会关心身边爱你的人，那么你就会发现：爱其实离你并不遥远，或许它早已默默地包容了你，你已经变成了最幸福的人。那时你就会发现爱其实真的很简单……

让爱心永存心间

青少年朋友应该懂得，爱心就是指对他人、对社会关怀、爱护的一种心理过程和行为。

作家冰心曾经说过："爱在左，同情在右，走在生命的两旁。随时撒种，随时开花。将这一径长途，点缀得鲜花弥漫。使穿枝拂叶的行人踏着荆棘，不觉得痛苦。有泪可落，却不是悲凉。"

1.爱，是它本身的回报

朋友们，爱心在我们这个社会中所起的作用是财富和成功都无法比拟的。通常，生活中的种种不如意都会让我们愤愤不平，而且还会感觉自己的生活缺少了爱，这个世界也缺少了爱。

如果你抱怨这些的时候，不妨试着努力让自己暂时忘记外面的世界，同时也忘掉他人，然后体察一番自己的内心世界，看自己是否能够付出，比自己想得到的更多的爱？扪心问一下自己，能否既为自己，同时也为他人而唤起更多爱心。

所以说，我们能做到的就是：努力做一个内心充满爱的人，不要太在意是否能够得到别人的爱，因为这是我们所无法左右的。只要我们心中充满爱，便会很快地发现，生活向我们揭开了最大的一桩秘密：原来，爱，就是它本身的回报。

2.让爱心永存

现实生活中，我们所生存的社会是一个充满爱心的社会。爱在我们的社会中，一直悄然地成长着。爱别人，也被别人爱。

生活中，也正是有了亲人、友人那润物细无声的融融爱意，我们才能够时刻充满着希望并向往着未来。

生活不能没有爱，多少心灵因为没有爱的滋润，而变得冷寂荒芜。同样，春风化雨般的爱，又安抚、温暖了多少受伤的心灵，重新点燃了多少死灰般的希望。可以说，没有任何人愿意生活在一个没有爱的世界里。

爱他人，甚至从自身的不幸中，悟出对生活的真爱，从而加倍的珍惜自己来之不易的幸福。生活也因此给予了温暖的回报。于是我们应该懂得，要想让生活充满爱，就绝对不能等待别人的付出，相反的是应该学会自己去探求，去奉献。

一直以来，人们对自己的国家和这个崭新的社会充满着深深的情感。青少年对自己的校园充满深深的情感，那也是因为心中充满爱心。一个人富有爱心不仅仅表现在捐赠物品上，还体现在关爱社会的一些道德修养上。

朋友们，做一个有爱心的人并不难，生活中只要我们对亲人、朋友、同学多一些问候，对残疾弱小者多一些力所能及的帮助，多做一些举手之劳的事情，一个爱劳动，讲文明，讲卫生的人都是一个有爱心的人。

只要人人都付出一点爱，世界将变成美好的人间。我们要时刻记住这句话，并让爱心永存心间，让爱心付诸实践。

温馨小提示

爱心是一片冬日的阳光，使人感到人间的温暖；爱心是沙漠中的一泓清泉，使人看到生活的希望；爱心是一首飘荡在夜空里的歌谣，使孤苦无依的人得到心灵的慰藉；爱心是一片洒落在久旱的土地上的甘霖，使心灵枯萎的人感到情感的滋润。

爱心是一种无私的施予，是照亮世界的永不陨落的太阳。

帮助别人，快乐自己

俗话说得好："一个篱笆三个桩，一个好汉三人帮。"在现实的社会生活中，任何人都不可能孤立存在，不管他是怎样的英雄豪杰，有着多大本事，一旦他处于孤立无援的境地，就会感到力量单薄。

相反，如果他有着身边人的支持和帮助，那么他便能够振作精神，从而更加努力的奔向成功。所以说，生活在这个世界上，我们离不开别人的帮助，别人也同样需要我们的帮助，

1.帮助别人，快乐自己

帮助别人，也就是助人。助人的最高境界不是施舍，而是尊重。我们在帮助他人的时候，能否保持他人的尊严，也体现了一个人的道德修养水平。我们在帮助他人的同时，也在无形中帮助了自己，同时自己也能够从中获得到更多的快乐。

我们去帮助别人，实际上是我们在经受心灵的考验，是在播种快乐的种子。我们帮助别人是给自己心灵的一次最好的慰藉，与此同时，也是自己享受生活中的快乐之根源。

有时，在与人交往中，我们需要做的是安慰别人，而不是标榜自己。为了能够让别人快乐，自己忍受一些误解，又有什么关系呢？帮别人解脱也是一种助人为乐的体现，况且你在帮助别人的同时也帮助了自己。

膨胀的自我私欲使我们忽略了一个根本性的事实，那就是：我

们共同生活在这条人生的大船上，别人的好坏是与我们息息相关的。实质上，我们在帮助别人的时候，也是在帮助我们自己。

2.帮助别人，生活更有意义

事实上，当我们帮助别人时，自然也会得到一定的回馈。帮助别人，就会快乐自己，帮助那些需要帮助的人是一种美德。

在社会生活中，任何一个人都不可能孤立存在。一个处于困境的人如果有很多人的支持和帮助，那他就会重新振作自己的精神，从而产生巨大的力量。

如果我们乐于帮助别人，那么就会创造一个良好的社会环境，让社会生活变得十分的安宁和谐，富有凝聚力。只有毫不吝啬地帮助别人的人，才会有幸福和快乐的感觉。

温馨小提示

帮助他人，不但可以使他人生活得更美好，而且还可以使自己的生活更有意义。

帮助别人，既能使自己感到一种兴奋，也能使人树立起高尚的形象，受到人们的尊敬，有谁不愿意美好的事情呢？

善良是生命的黄金

英国的罗素说："在一切道德品质中，善良的本性在世界上是最需要的。"

善良是生命的黄金。多一些善良，多一些谦让，多一些宽容，多一些理解，我们在生活中就能感受到美好和幸福。这是善良的人们向往和追求的，也是我们勤劳善良的中华民族所提倡和弘扬的。

1.心存善良，献出自己的爱心

善良之心，人皆有之；善良之举，人人可为。

想要拥有善良，并不在于钱财的多与少，也不在于年龄的大与小、体格的强与弱。只要有爱心，对于他人来说都是冬日的阳光，雪天的薪火。心存善良的人，总是在播种阳光和雨露。

人世间多一些善良，也就自然会多一些谦和，多一些宽容与理解。人们在平时的生活当中，就会感受到更多的美好。

其实，在我们的生活当中，有着太多的机会可以去做一个照亮别人的善良之人，只是在于我们愿不愿意罢了。

在公车上，给行动不便的人让个座，这是善良；路过球场时，帮场上的人捡回滚到我们脚边的球，这也是善良；不轻视弱势群体，这是善良；对别人多赞美几句，这是善良；尊老爱幼，这还是善良。

从根本上来说，做到善良一点也不难，只要动用我们的举手之劳，就完全可以照亮别人。

善良是一种风度，也是一种修养，还是像海洋一样博大的胸怀。它把高尚与友情，忠实与勇敢，全都吸纳到了爱的生命中，生活也因此而变得更加美好。

因此，在生活中我们要心存善良，从小事做起，时时为他人献出自己的一份爱心。善良的行为，将会使人间充满的温暖，让社会也充满光明。

2.善良是生命的无价之宝

人世最宝贵的是什么？法国作家雨果说得好："善良是历史中稀有的珍珠，善良的人几乎优于伟大的人"。

救助别人，就等于是救助自己。每一个心存善良的人，他们的善良不仅表现在行动上，在他们的言语中也充满了关爱。

一个寒冬的早晨，马克·吐温走在空旷的大街上，路旁一位乞丐走过来，把脏兮兮的、冻得发红的手伸向马克·吐温："先生，行行好吧。"马克·吐温摸遍全身也没摸到一分钱，困窘地伸开双手握着乞丐的手说："兄弟，真的很对不起，我没带一分钱。"

此时，乞丐的眼角噙满了泪水，用手紧握着马克·吐温的手说："谢谢您，先生，你已经给了我最好的礼物。"

人类美好的追求就是建立平等、互助、协调的和谐社会。

从这个意义上讲，多一份善良，人生就多一份亮丽和丰盈；多一份爱心，人间就多一份仁爱和温馨。坚守善良就是坚守道德；奉献爱心就是奉献真、善、美。事实上，"授人玫瑰，手留余香。"在关爱他人的同时也会赢得他人的关爱。因此，我们要呼唤善良，常怀善良之心。

每一颗善良的心都是纯净的玉石。因为善良是人类千古流传下来的瑰宝，以其岁月凝聚的光辉闪烁着永远不变的色彩。所以说，善良是人类赖以生存的大树。只要我们袒露一颗善良的心，世界便会向你报以微笑。

善良往往用一种无言的纯朴表达感情，它充满了丰富的内涵。我们相信善良的魅力，它会让人们获得到快乐与幸福。

一颗颗善良的心，是连接人与人之间的一道美丽的彩虹。我们相信善良，但是在有的时候善良很有可能会被卑劣伤害，可是它却不会折断自己的翅膀；有时可能善良会被命运所捉弄，但它从来不会丧失自己的信心。

温馨小提示

青少年朋友们，善良是人生的无价之宝，是我们的最好朋友。离开了善良，足以让人生搁浅和褪色——因为善良是生命的黄金。

与善良相伴，你的情操会变得高尚，灵魂会变得纯洁，胸怀会更加宽阔。播种善良，就能收获希望。

第五章

培养诚信的品质

诚信，顾其名而思其义，指的就是诚实守信。

诚实就是忠诚老实，不讲假话，不歪曲事实，不隐瞒自己的观点，光明磊落。

守信就是遵守诺言，讲信誉，重信用，履行自己应承担的义务，从而取得信任。

诚实守信是真、善、美的统一，是一切美德的基石。

诚信是一切美德的基石

诚信，简而言之，即诚实、守信。"诚"乃指诚实、真诚和忠诚，要求表里如一，不自欺和欺人。"信"就是真实和信守诺言，要求"言而有信"。

1.诚信，是一种美德

在源远流长、丰富多彩的华夏文明长河中，诚信精神日积月累，演绎出无数可歌可泣的故事，形成深厚的文化底蕴。早在两千多年前，孔子就说过："人而无信，未知其可也"。中国古代社会，讲诚信的人受人尊重、爱戴、信任。

诚信，是人类一种具有普遍意义的美德。在世界各国都有重视公民诚信教育的传统，流传着许多诚信教育和诚信做人的动人故事。

诚实守信是一种比任何东西都珍贵的品质，它在一个人的内心深处熠熠闪光。诚信，它能够驱散人们心中的阴暗，让你时刻都能获得更多的快乐；诚信，它能够赶走人们心中的恐惧，让你时刻做一个光明磊落的人。

诚信，让人们的心灵更高尚，也让世界变得更加美好。因此，青少年必须学会诚实守信。

2.学会诚实守信

中国是一个有着五千年文明的古国，诚信一向是中国人引以为自豪的品格，"以诚为本，以信为天"的中华传统文化熏陶了中华儿女几千年，讲究诚信、推崇诚信，早已融入了中华文化的血液，成为中华文化基因中不可缺少的重要一环。

作为诚信的启蒙教育，"狼来了"的故事广为流传。这个故事给我们的警示是：一个人如果不诚实，就会有麻烦。"撒谎"的最大害处不仅使放羊的孩子失去了人们的信任、损失了羊群，重要的是损害了他自己的"人格"。人们大多讨厌不诚实的人，因为跟这种人打交道不保险，老得提防上当。

青少年时期如果不注意养成诚信的品德，甚至沾染上不诚实的坏习惯，将来走入社会也会跌跟头。这绝非是偶然，而是无数偶然中的必然。如果不想让这些偶然的变数最终成为必然，那么，就要学会诚实守信。

在我们的日常生活当中，青少年一定要做到以诚待人，只有这样才能获得他人的信任。生活在他人的信任之中，会让人心境开阔，心情愉快，会有种成就感，满足感。时刻遵守以诚待人的原则，是做人最起码的要求。

诚信是中华民族宝贵的道德遗产，成长中的青少年不能满足于老祖宗留下的诚信故事，大家要自己去书写当代诚信的佳话。诚信，是每一个人都应该具备的品格。诚信是美丽的，因为它给世界带来了温暖的阳光；诚信是微小的，它只需要占据心灵中一个很小的角落，就温暖了人们整个人生。

青少年学会诚实守信，将会在以后人生的道路上走得更顺更远。当诚信不再是稀缺的资源，无处不在、无时不有的时候，我们的人生就变得更加有意义了。

温馨小提示

青少年要想获得生命的成长，就必须学会诚实守信，主动成为诚信的尊崇者，自觉成为诚信的实践者。我们不必埋怨世态炎凉，因为美好的一切就在你我手中。

诚信是做人的原则

同在一片蓝天下，面对纷纷扰扰的大千世界，有一种美有着独特的魅力，那是一种精神，一种情操，更是一种境界。它描绘着人类精神进步的画卷，那便是诚信。

1.诚信，是人之本

诚信，是做人的原则，更是一个人成长的灵魂。现在社会上处处提倡讲诚信，企业要讲诚信，做人要讲诚信，我们青少年更要学会讲诚信。无论干什么，一旦说了就必须要做到，做不到的事情就不能轻易承诺。

为人要诚实，不说假话、不欺骗；要守信用，不可随意反悔，许下的诺言一定要兑现。诚信，坦率无欺，真实无妄，言而有信，一诺千金。

诚信是人们公认的做人的原则，是做人的一种品质。有人说诚信是人格魅力之所在，它展示了人的品德及其追求的价值尺度，是健康人格的基本内核。

与人交往，以诚为本，以信为要，这是最起码的。如果不讲诚信，那是很难构筑友谊之桥，疏通友爱之河的。古往今来，那些拥有诚信的人，都有着很高的威望和较好的口碑。

人的一生，绝对不能没有诚信。"人，以诚为本，以信为天。"诚信，让你和别人相处的更加融洽；让你的生活更加滋润，让你的人生更加丰富多彩。

尽管如此，随着社会的进步，人们的生活水平也有所提高，依然存在着很多与时代并不相符的东西，许多人经常忽略了诚信做人的基本原则。

在有些人的心中，财富永远是第一位的，诚信往往被认为一文不值。于是，把"一诺千金"抛到九霄云外，取而代之是"欺骗"，是"谎言"。小到失约，撒谎，大到坑蒙拐骗，甚至于走上了犯罪道路。

或许有人会认为，偶尔的一次失信并无伤大雅。其实不然，时间一长，你心中的诚信会一点一点消失，最后沦落为一个骗子。这样，便不仅仅是无伤大雅了。

如果到那时，才认识到自己的错误，还想改变自己在他人心目中的位置，已为时过晚。

所以说，青少年朋友们要尤其注意，不要忽视心中诚信的分量，要时刻记得做人诚信的原则。

2.诚信是人生的灯塔

诚信是做人的一种境界，它以大义和超越为精神的根基，是生活的真谛。有了它，才有了"君子一言，驷马难追"。它以追求真正意义上的自我人生价值为目标，没有一丝的虚伪和急功近利。诚信，引领着人类奔向理想中的文明的世界。

美国金融家罗塞尔·塞奇说："坚守信用是成大事者的最大关键。一个人要想赢得人家的信任，一定要下极大的决心，花费大量的时间，不断努力才能做到。"

没有诚信，虚伪的面具将充斥生活的每个角落，生命变得生气全无，友谊之花会凋谢，亲情之果会陨落，撩起人们面前的五彩面纱，露出的是"君子"们的道貌岸然，变了形的丑陋的脸。没有诚信的人生犹如飞蛾扑火般脆弱，经不起风雨的打击，耐不住邪恶的诱惑。

温馨小提示

青少年朋友，诚信是人生的伴侣，是生命的灵魂，是我们人生的精神支柱。"人无信不立"，人在社会中必须遵从一定的规则，否则就会失去立身之本。如果说人生是一匹野马，那么诚信就是驾驭野马的缰绳；如果说人生是迷路的孩子，那么诚信就是指引归途的月光；如果说人生是含苞待放的花朵，那么诚信就是滋润的露珠。我们只有坚守诚信，才能在人生的漫漫旅途上永不迷路。

诚实让你赢得信任

在这个世界上，诚实是一缕阳光，它能够照亮人与人之间的心灵。诚实是沟通人与人之间的桥梁，它是彰显灵魂的美德之花，它更是人生的一种境界。

同时，诚实又是一种人格力量。它的魅力在于，不说假话、大话，以诚待人，以心感人；诚实对于我们是一种呼唤，一种启迪，它不需要华丽的辞藻来修饰，不需要甜言蜜语的遮掩，它是生命的原汁原味，它是天地间的一种本真和自然。

1.诚实，赢得他人信任

生活中，诚实很重要。诚实的态度和做正确的事情是同等重要的。不管是什么时候，也不论是在什么样的情况下，诚实都能让你赢得他人的尊重和信任。

诚实是一种美好的品德。巴尔扎克说过："一清如水的生活，诚实不欺的性格，无论在哪个阶层里，即使心术最坏的人也会对之肃然起敬。"

《墨子·修身》中也说："志强智达，言信行果"，只有言而有信，说到做到，才能得到别人的信任和支持。诚信是金，也是做人的基本。只有人与人之间以诚相待，才能得到别人的信赖和尊敬。

2.诚实，让人生更美好

诚实，是指在自己和别人面前问心无愧。

诚实也是对于一个人的正确角色、行为和恰当的人际交往的一种意识。

如果一个人拥有诚实的品质，那么就不会虚伪和做作，不会使别人产生迷惑和不信任感。

诚实有助于形成完整统一的生活，因为诚实的内在与外在自我，是完全一致如同镜子的效果。

诚实，会受到人们的赞美。

温馨小提示

在生活中，只有诚实的人，才会生活得坦然；只有诚实的人，才是受人尊敬；只有诚实的人，才能赢得他人的信任。

因此，青少年在为人处世中一定要做到诚实，只有这样，才能让自己的人生之路更加美好。

用真诚点燃心灵之火花

人与人之间，相处的基础是真诚。没有真诚就不可能有信任，心与心之间就会有一堵厚厚的墙。你防着我、我防着你，也就不可能有心灵的沟通、真诚的交往，人与人之间就会变成相互利用的关系。甚至是尔虞我诈，最终有可能成为仇敌。

1.真诚对待他人

人际交往中最有效、最大的技巧就是真诚。真正优秀的人士都用心待人，让人感觉到真诚。只有真诚才能取得持久的效力，也只有真诚的人才是人际交往中的最终胜利者。深刻了解人性、以真诚待人者，才是人际交往中的得益者。

当然，人无完人。每个人都有自己的长处与不足，对他人、对朋友要热诚的赞许和善意地批评。赞扬的话语要真实、确切、具体并出自内心，批评也同样要发自内心、真诚。若对方感到了你的真诚与热情，你将会更容易得到对方肯定的评价。

在交往中，不但需要充沛的热情，同时又坦诚言明自身的利益，显得真诚而又合情合理。这样，自然会得到对方的接纳，为成功交往架起了一道桥梁。人生最美丽的补偿之一，就是人们真诚地帮助别人之后，同时也帮助了自己。

总而言之，"真诚"在人际交往中的光泽，并不会因为岁月的流逝，时代的变迁而减弱。在人际交往当中，真诚是相互信赖和友好交往的基础。真诚无私的品质能让一个外表毫无魅力的人增添很多内在的吸引力。只有我们自己真诚地去对待别人，才能够赢得别人的信赖，获得更多的理解，得到更多的支持、帮助和合作，从而获得更多的成长的快乐，点燃自己的人生。

2.用真诚点燃心灵的火花

人与人相处，贵在"真诚"两字。真诚，就是真实，充满诚意，没有虚假的东西。有了真诚，就能化猜忌为理解；有了真诚，就可以化怀疑为信任；有了真诚，就可以化隔阂为融洽；有了真诚，社会也将会变得更加美好。

俗话说："种瓜得瓜，种豆得豆"。只有播种真诚，展现真实的自我，才会收获别人的真诚。因为，人们无意识中在遵守"人际关系互惠"原则，你袒露真诚的程度，会得到相应的回报。

有的人不敢或者不愿意袒露真诚，是因为害怕自己的缺点被别人看到，会影响自己在别人心中的形象。

心理学研究表明：人们并不喜欢一个各方面都十分完美的人，而恰恰是一个各方面都表现优秀而又有一些小小缺点的人最受欢迎。所以你不用太在意自己的缺点，对这点要有足够的信心。

在我们的生活中，都免不了和别人打交道。无论是同龄人，还是年长的人，无论是熟悉我们的人，还是陌生人，无论是我们身边的人，还是和我们有着不同经历和生活习惯的人，我们都需要一颗真诚的心。

如果我们真诚友善的对待他人，收到的也将是友好。就好像如果我们把泥巴扔向他人，自己的手也会弄脏，如果我们送给别人的是一束鲜花，自己也会闻到花香。因此，我们应该用真诚对待他人，并向他人报以友好的态度和微笑。

真诚坦率，是令人愉悦的一种品质。那些真诚坦率、光明磊落的人，没有人会不喜欢。一般说来，这些人都心胸宽广、慷慨大方，乐于助人。助人者，人助之。这些乐于付出者，必然会以自己的宽广胸怀获得他人的尊重和信任，收获人生最宝贵的一笔精神财富。

真诚地对待他人，是我们在进入成长、寻求成功的过程中，必须遵守的一条基本准则。人与人之间多一份真诚、多一份信任，少一份猜疑和嫉妒，就会多许多许多的快乐和幸福。

青少年们，让我们真诚对待身边的每个人，挥洒心灵的苦闷和重压，让生命拥有蔚蓝高远的晴空。让我们用真诚面对世界，走过风雨飘摇的四季，让心的原野鲜花永远盛开。

温馨小提示

真诚犹如一张人生旅行的通行证，它是一种让人信赖的信物，它是一种让人怀念的品行，它是一种让人亲切的约定。

人与人之间需要真诚。请记住：真诚地对待他人，你才能得到他人的真诚相待。

一言既出，驷马难追

"一言既出，驷马难追"这句话出自于《论语》，意思是说：一句话说出了口，就是套上四匹马拉的车也难追上。

也就是说，人一旦把话说出口，就一定要说话算数，不能再收回。这正是说明了不管是做人还是做事，一个人都要做到诚实守信。

1.诚实守信，说到做到

古往今来，凡是品德高尚的人，都诚实守信。做人必须言而有信。只有有了诚信，人才能在社会立足，才能使他人信服，才能得到别人的尊敬。言而有信，是做人最起码的原则。

诚实守信，是为人之本。诚实是指忠诚老实，言行一致，表里如一；守信是指说话、办事讲信用，答应了别人的事，能认真履行诺言，说到做到。自己做不到的事，就不要答应别人，要做到"一言既出，驷马难追"。守信是诚实的一种表现。

守信之人，言不妄发，说到做到，不矜不伐。无信之人，事事皆假，人所厌弃，不如牛马。

战国时，秦国商鞅在国王的支持下，变法革新，为了获得平民百姓的支持，商鞅在首都南门，竖立一根普通的木杆，贴出告示："将木杆移置北门者，给予黄金10两。"

老百姓不知其中缘由底细，没有人敢去搬，一天后，商鞅增加赏金至50两。这时，一个胆大的人决心去搬这根木头。他没费什么劲轻松地将木杆移到了北门。

商鞅当即指示，给他50两黄金。这个消息很快传遍了秦国城乡，老百姓都认为，商鞅言而有信，说出来的话必定能够实行。这样，商鞅即将推出的改革就有了良好的社会舆论基础。

诚实守信是做人的起码要求，是一个人立身处世之本，也是维系人与人关系的重要纽带。如果离开了诚实守信这一基本准则，人们之间的交往就很难延续下去，也就很难能够做到："君子一言，驷马难追"。

老子在《道德经》中说："轻诺而寡信"，意思是轻易向别人承诺的人一定很少讲信用。老子这句话旨在强调说话要谨慎，处理大事更要认真。

有些人不经过深思熟虑，轻易答应别人的要求，事后却做不到甚至忘得一干二净，这样的人怎么能有信用呢？所以对别人承诺时，一定要慎重斟酌，量力而行。答应了别人的事就要说到做到，一诺千金。

每个人做事都应有自己的原则，无论是大事小事都应该认真对待、诚实守信，如此才能得到别人的信赖。要知道，你的许诺价值千金，你必须慎重。如果你失信于人，即使理由极为充足，别人也会对你产生不信任。这不但会破坏你的形象，进而影响你的学习、生活及工作。

诚实守信，说到做到。看似简单，做起来并没有那么容易，你做到了吗？诚信就如一张金名片，人只要诚实守信，有社会责任感，就一定会受到社会的尊重。

2.信守承诺，通向成功

信守承诺，兑现承诺是人们的美德。孟子说"言而有信，人无信而不交。"信用是一种承诺，一种保证，一种真诚；信用就是一诺千金，做人要讲究信守承诺。

在现代社会，信用成为衡量一个人的基础。只有那些"有言有信"的人才能够得到别人信任，才取得获得成长的基石。相反，那些"言而无信"的人是怎么也不会得到别人信任的。

"言而无信，行之不远。"许多事实都可以证明，制假售假、坑蒙拐骗者，他们可逞一时之快，得一时之利，但必以东窗事发、身败名裂而告终。从古至今，没有一项事业能够建立在无诚不信的沙滩之上。只有信守承诺才能最终通向成功。

信守诺言作为一种美德，一直被人们广为流传。但是有些人却常常不负责任地许下种种诺言，却不遵守，结果给别人留下了不好的印象或是严重的后果。

假如你说过要做某件事情，那就必须办到。倘若你办不到，感觉得不偿失或不愿意去办，那就要提前拒绝别人，不要让别人对你抱有希望。你可以找一个好的借口去推辞，也可以说"我试试看"，如果你试了而没有做到，那么别人就会说你曾经做过，但失败了，而不会对你有所抱怨。

"信用仿佛一条细线，一旦断了，想要再接起来就是难上加难。"所以，青少年不妨从身边的小事做起，播种诚信，实践诚信。我们得到的绝不仅仅是朋友的信任，还有值得信赖的整个世界。

温馨小提示

信守承诺，不是信守一句空话或一纸空文；信守承诺，是信守人生的一盏明灯和心中的一座圣殿。生活中养成信守承诺的好习惯，这看似简单，而做起来却非常困难。

你只要稍有疏漏就可能无法做到。但如果一个人的信用好，那么不论你在生活上还是学习、工作上，都有机会获得成功。因为社会总是欢迎那些信守承诺的人。

因诚信而赢得尊重

诚信是一种美德，也是一种行为方式。

人和人相处，最重要的是坦诚相见，对人讲诚信，这样你才能引得赢得别人的尊重和信任，别人也会乐于和你交往。

1.以诚待人，讲究信用

每当走在大街时，我们不难发现，即使在同一条街上的餐馆、水果摊、蔬菜摊、小商店等，也会有不同的经营场面，有的店铺门庭若市，而有的店铺却"人迹罕至"。

很多人也许都懂诚信这个道理，始终做到却不容易。

企业需要诚信，个人更要诚信。一个人的诚信与赢得他人的诚信是永远成正比的。"己所不欲，勿施于人"想要别人诚信，首先要自己诚信，自己越诚信，就越能赢得他人的回报。

我国明代大学问家宋濂，自小好学喜爱读书，但家里很穷，上不起学，也没钱买书，只好向人家借。每次借书，他都讲好期限，按时还书，从不违约，所以人们都乐意把书借给他。

一次，他借到一本书，越读越爱不释手，便决定把它抄下来。可是还书的期限快到了，他只好连夜抄书。时值隆冬腊月，滴水成冰，他母亲说："孩子，都半夜了，这么寒冷，天亮再抄吧，人家又不是等这书看呢！"

宋濂说："不管人家等不等这本书看，到了期限就要还，这是个信用问题，也是尊重别人的表现。如果说话做事不讲信用，失信于人，怎么可能得到别人的尊重？"

还有一次，宋濂要去远方向一位著名学者请教问题，双方事先约好了见面日期。谁知出发那天下起了鹅毛大雪，宋濂挑起行李准备上路时，母亲惊讶地说："这样的天气怎么能出远门呀？再说，老师那里早已大雪封山了，你这一件旧棉袄，也抵御不住深山的严寒啊。"

宋濂说："娘，今天不出发就会误了拜师的日子，失约，就是对老师的不尊重啊。风雪再大，我都得上路。"当宋濂到达老师家里时，老师感动地称赞道："年轻人，守信好学，将来必有出息。"

为人诚恳，待人真诚。讲究信用，以诚信见信于人，这才是为人处世应当的道德原则。谎言中不可能开出灿烂的鲜花，没有诚信就永远获得不了别人的尊重，诚信是万能定律，只有诚信才能与别人将心比心地沟通。交朋友时，谁都不希望对方是一个不讲诚信的人。如果一个人拥有诚信，那么，他就能够赢得尊敬，就能够为自己插上成长的翅膀，从而可以展翅翱翔。

在这个纷繁的人世间，要想让别人接纳自己，谈何容易。人自出生以后，便要经历各种各样不同的环境。而每到一个新的环境，都会遇到不同性格、脾气的人。如果想要在那里好好地相处，首先就要学会适应。只有让别人相信你，才是唯一的出路。

有这样一句话："做人不张扬，踏实稳重，才能赢得他人的尊重。很多东西，越简单越好。"是啊，成长的秘诀就是这么简单。只要你坚守信用，你就一定会赢得他人的信用，即使一开始就会遇到阻碍，但应该相信，只你坚持真诚待人，人就一定会诚心诚意地对你，相信只要付出就一定会有回报。

2.诚信，让人赢得尊重

现代社会是一个讲求诚信的社会，只有拥有诚信，才能赢得信用，人生才可能最终走向成功。诚信是做人的根本，只有你拥有了诚信，别人才会用同样的真诚对待你。

如果你对别人是虚情假意，那么你所拥有的一切地位、金钱、才华也不过是水中月、镜中花。因为你也终将在别人的哄骗中失掉一切。"诚信"是社会交往中双方的一种互动的过程，你诚就会有人信，你信他才会诚。

在市场上做直销，我们只有站在消费者的角度，真正为消费者利益着想，才能使顾客满意地接受你所推销的东西。你也会为自己创出不少的业绩，这正是诚信的魅力所在。

在与人相处时，我们只有时刻为他人着想，能遵守约定，才可能会有真心的朋友。所以，做人做事一定要坚守信用，这样才会赢得他人的尊重，才会得到他人的帮助。

在交往中，常常遇见不守信用的情况：一个预先约好的朋友聚会，发起者并未发出取消的讯号就失约了；爽快地答应代办的事情，转过身去，便置之脑后，再不提起；到期该还的物品，到时却闭口不谈等。

中华民族历来强调一个"信"字，对于守信用的人倍加赞赏，对于不守信用的人倍加斥责。青少年应明白，在人与人之间的交往和共处过程中，规定和秩序往往是靠守信来坚守的，如果仅仅停留在口头上的许诺而不守信用，肯定不会有良好的人际关系。

温馨小提示

"诚信"两字，是一个人道德思想与道德行为的体现。诚信是一个人立身处世之根本，是人生立于不败之地的一个重要因素。青少年只有做人做事讲诚信，才会为自己赢得一定的尊重，使自己更好的立足于这个社会。

第六章

培养乐观的生活态度

乐观，是一种生活态度，是最为积极的性格因素之一。

无论在什么情况下，乐观者都会保持良好的心态，他们相信坏事情总会过去，阳光总会再来。

青少年只有培养乐观的性格，才能在今后的人生历程上经受住各种困难和挫折的考验，才会取得事业的成功。

乐观本身就是成功

心态决定一切，乐观本身就是一种成功。心态好了看着什么都顺眼，做起什么事都顺心。比如学习，心态的好坏直接关系到学习的最终结果。

1.乐观的心态是为人处世的需要

当你看到只有半杯咖啡时，你会怎么想呢？你会说"我还有半杯咖啡"，还是会说"我只有半杯咖啡"。"还有"、"只有"仅一字之差，但表现出的却是完全不同的人生态度，一个是积极乐观，一个是消极悲观。

在人的一生中，成长之路也不是畅通无阻，难免会遇到一些挫折。面对挫折和困难，心态积极、乐观向上的人会接受挑战、应对挫折，无论做什么事都会以愉悦的心情对待，自然就有成功的机会，也可以说已经成功了一半；而消极悲观的人，总是怨天尤人、夸大困难，结果只能是碌碌无为，从而使自己的人生路走向下坡，掉进失败的深渊。

乐观者因积极的心态，所以总是可以保持清醒的头脑，在危难中找到转机；悲观的人即使给了他机会，他的眼里也只看得到危难。

随着信息时代的来临，社会的竞争也越来越激烈，对于肩负使命的青少年来说，也将要面对更多的压力与挫折，用怎样的态度去对待生活，也决定了日后会有怎样的未来。

其实，困难就像弹簧，你强它就弱，你弱它就强。生活中很多失败，并不是因为我们能力不行，而是输给了自己的悲观。所以说困难并不可怕，只要你能乐观地看待所面临的一切，你就能获得比顺境更为强大的力量，看得更高，走得更远。

2.如何保持乐观的心态

渴望人生的愉悦，追求人生的快乐，是人的天性，每个人都希望自己的人生是快乐、充满欢声笑语的。

快乐是一种积极的处世态度，是以宽容、接纳、愉悦的心态去看待周边的世界。月有阴晴圆缺，人有悲欢离合。生活也是由哭与笑、风雨和彩虹、成功与失败组成的。

而乐观与悲观，就像是阳光与阴影存在于我们的生活中。如何拥有乐观的心态，每天微笑地迎接风雨和彩虹，积极面对现实，勇敢面对困难和挫折，是青少年掌握人生命运所必须具备的心态之一。

面对现实，以及面临生存的竞争，怎么怎样才能使自己的心理保持乐观的心态，使乐观成为成长不可或缺的源泉，来滋养自己的生命呢？

乐观两个字，对于每一位青少年来说，都是说起来容易但做起来难。

英国思想家伯特兰·罗素曾说过："人类各种各样的不快乐，一部分是根源于外在社会环境，一部分根源于内在的个人心理。"也就是说悲观随处可以找到，但要做到乐观就需要智慧。必须付出努力、敢于面对现实，才能使自己保持一种人生处处充满生机的心境。

以不同的心态去看待身边的事物，就会收到不同的效果。乐观的人总是能从平凡的事物中发现美。其实，生活中从来都不乏欢乐，只要你用心体会。

正如一位智者所说的那样："一个人感兴趣的事情越多，快乐的机会也越多，而受命运摆布的可能性便越少。"当代青少年也应拿出面对生活的勇气，不要总是抱怨逆境，也不要把逆境当作是一种不幸。要用积极乐观的人生态度，透过脏兮兮的窗户玻璃欣赏窗外美丽的景色。

对于青少年来说，不论何时何地，不论做什么事，都要端正自己对生活、工作及学习的态度。要学会用积极的心态去发现生活中人或事美好的一面，热情地生活，愉快地工作，轻松地学习，以乐观旷达的胸怀面对每一天。

不要抱怨命运的不公，也不要再抱怨上天给予你太多的磨难，无论在多么困难恶劣的环境里，换一种观点、换一种眼光、换一种心态看待所遇到的每一件事。青少年应该努力让自己拥有积极进取的阳光心态，乐观地对待生命中的风雨和彩虹，发挥自己的优长，激励自己的热情，挖掘自己的潜能，昂首挺胸地走在光明大道上，接受生命的洗礼。

狂风暴雨之后的彩虹才会更美丽，只有经历破茧的痛苦才进行身体的蜕变，所以请乐观的面对生活吧，明天会更美好，成功就在不远处。

温馨小提示

乐观的心态，就是让自己的眼光停留在积极的一面，就如太阳落山后，伴随着黑夜的来临，也还可以看到满天闪亮美丽的星星一样，世界是向微笑的人敞开的。

乐观是人快乐的根本，是困难中的光明，是逆境中的出路，乐观能让你改变现状，收获果实，收获成长。

乐观地面对人生

积极乐观的人，就像温暖的阳光一样，照到哪里，哪里就会有光明。走到哪里，哪里就会给别人带来快乐的欢声笑语。

1.乐观点亮人生

有个农夫赶着一头驴子赶路，可是一不小心，驴子掉进一口枯井内。农夫费尽心思，也没有想出救驴子的方法。几个小时过去了，驴子还在痛苦的嚎叫着。最终，农夫苦于没办法，就打算放弃。

因为他认为这头驴子年龄也大了，不值得费周折救它了。不过他想，最起码要把井填上，埋了这头驴子。于是他请来邻居们来帮忙埋了枯井内的驴子，以免除它的痛苦。

农夫的邻居们人手一把铲子，开始将泥土铲进枯井中，当这头驴子了解到自己的处境时，刚开始哭得很凄惨。但出人意料的是，一会儿之后这头驴子就安静下来了。

农夫好奇地探头往井底一看，出现在眼前的景象令他大吃一惊：当铲进井里的泥土落在驴子的背部时，驴子的反应令人称奇，它将泥土抖落在一旁，然后站到铲进的泥土堆上面！就是这样，驴子不断地将众人铲到它身上的土抖落，然后踩上去，很快就从井中上来了。

从这个故事中，我们可以看出，只要在困境、挫折面前转变观念，用积极乐观的心态面对，平静下来，就会想出自救的方法。设想，如果驴子不转变观念，只哀鸣求助或者一味地抱怨，最后只能是坐以待毙。因此我们在困难面前，以乐观的心态去分析问题，才是最明智的选择。

所以，青少年要保持积极乐观的心态，因为生活本来就充满了风险和挑战，所以对于青少年来说必须明白，不是每件事情都会有好的结局。痛苦、失败在所难免，但是好的方面总会比坏的方面多。当你用积极的心态去面对的时候，你会发现，会有另外一种情况展现在自己的面前。

2.乐观成就人生

任何事情都是具有两面性的，但是青少年要努力向积极的一面看。因为对于青少年来说，保持一个积极乐观的心态是迈向成长的基石。

有这样一个小孩，有一天他拖着比自己还高的大提琴，迈着轻快的步伐走在走廊里，显得十分高兴和愉悦。迎面走来的一个长者问道："孩子，你这么高兴，是不是刚拉完大提琴啊！"

小孩的脚步并没有停下，回答说："不，我正要去拉。"后来他成了一个非常著名的大提琴家。

这个孩子之所以成功，是因为他把音乐当成一种享受，而不是一种负担，所以他轻松快乐地去拉琴。

相反，现实生活中，有很多事情，我们只是看到它的困难和枯燥，却未从长远的眼光去看待它的价值。譬如学习，很多青少年都觉得学习是一件没有任何乐趣可言的事情，所以肯定不会主动地把精力投入到学习中去。

相反，那些把学习当作快乐的人，却在学习中获得了无限的乐趣。所以不论何时何地，作为青少年，我们应该端正自己对生活、对学习的态度。凡事采取积极的思维，积极的语言，积极的行动。哪怕是一瞬积极的微笑，一个积极的手势，或者一次积极的暗示，都会有助于我们形成积极乐观的心态。

许多的时候，一件事情的好坏，取决于当事人对它的态度。意志坚强的乐观者面对诸多问题，总是抱着仍有可为的态度，遭遇变故会变得更加坚强。

正如爱迪生的一句名言："我的成功乃是从一路失败中取得的。"在现实生活中，青少年要学会不断调节自己的视角，不要老是觉得自己很失败。其实成功是从失败中走过来的，保持一个积极乐观的心态比什么都重要，因为这是才是正确的人生观。拥有乐观，你就能拥有更多的快乐，拥有乐观，你就能拥有快乐的成长。

虽然我们改变不了天气，但是我们可以改变自己的心情。所以请展开你紧皱的眉头吧，不要陷入生活中不如意的一面而心烦意乱、情绪消沉，让我们的天天开心，改变我们的心情气氛。这种阳光就能够给我们带来好运气，也会使自己成为一个快乐的发源地！

温馨小提示

作为青少年，应该用一个积极乐观的心态去面对生活中的每一件事，并且要勇于挑战自我，战胜困难，做一个心态乐观积极向上的人，只有形成了这种性格，才会少一些抱怨、少一些痛苦，多几分洒脱、多几分从容……

放开胸怀，心灵也会笑

法国文学大师雨果曾说过："世界上最宽阔的是海洋，比海洋宽阔的是天空，比天空更宽阔的是人的胸怀。"

拥有宽阔胸怀的人，他能包容人世间的喜怒哀乐，酸甜苦辣。只有放开自己的胸怀，人活一世才会快乐。宽容是让你拥有快乐的一种胸怀，一种境界。

1. 快乐，不是拥有的太多，而是计较的很少

其实，世界上幸福的人，不是拥有的太多，而是计较的很少。不快乐的人呢？不是你的烦恼太多，而是你的胸怀不够开阔。敞开你的胸怀，你会发现，原来世界这么的美好！

有这么一个故事：在印度有一位著名哲学大师，在他的众多弟子中，有一个弟子经常牢骚满腹，怨天尤人，不是抱怨别人对他不好，就是抱怨饭菜不合口味。

哲学大师为了开导这个小肚鸡肠、心胸狭窄的弟子，就叫他到市场中去买盐。盐买回之后，大师吩咐这个每天都不快活的弟子抓一把盐放在一杯水中，然后喝了。"味道如何？"大师问。

这位弟子皱着眉头说："咸得发苦"。

大师又叫他抓一把放在缸中，再叫他尝尝味道。

弟子说："有一点点咸"。

大师又吩咐年轻人把剩下的盐都放进附近的湖里，然后又叫这位弟子去尝，这个年轻人捧了一口湖水尝了尝。

大师问："什么味道？"

"好像一点咸味也没有。"弟子答道。

哲学大师趁机教导这位弟子说："一个人生活中的不快和痛苦，就像这盐的咸味。我们所能感觉和体验的程度取决于我们将它放在多大的容器里，所以，当你处于痛苦时，请开阔你的胸怀。"

是的，你的胸怀就是你生活中的容器。在成长的道路上，青少年会遇到很多的烦恼和困惑，当你感觉命运对你不公的时候，当你对生活感到不尽人意的时候，你就要不断地放开自己的胸怀。

在宽广的胸怀里，一切不快和痛苦都显得那么的微不足道；在宽广的胸怀里，你将会感觉到快乐。在宽广的胸怀里，心灵会不由自主地发笑。

2.心宽快乐自相随

天空之所以辽阔无垠，是因为它收容了天空中的每一片云彩；高山之所以雄壮巍峨，是因为它收容了每一块岩石；大海之所以浩瀚无边，是因为它收容了所有的浪花。

世间万物中，大海之所以能成其大，就在于它有一个宽广的胸怀。同样，人也应该有一个宽广的胸怀，这样才不会被世俗困扰和烦心。只有这样，才能拥有一份快乐的心境，快乐的生活。

当你以宽广的胸怀去看待眼前的这个世界时，你就会有另外的一番感受。何必让你的心处在阴晦之中呢，给自己的心开一扇窗，让阳光进来。

当明媚的阳光抚摸你的心时，你会一种异样的感觉，那就是阳光心态。拥有它，你将拥有超然豁达的人生；拥有它，你就不会在苦闷失落中迷失自己；拥有它，你就不会在色彩缤纷的社会中失去方向；拥有它，你会拥有阳光般的笑容。

所以青少年朋友们，请放开胸怀，以一颗宽广的心去看待现实吧，这样你的生活会更加灿烂和美好。

古人说：境由心生。所谓心境不同，所看到的事物当然也会不同，内心的感触也必定有很大区别。一朵花凋谢了，有人悲叹："一个美丽的生命消逝了！"有人却欣喜地说："我仿佛闻到了果实的芬芳！"

在这个世界上，人与人各不相同，心和心也不尽相同，以至看待同一事物也会得到不同的结果。有人能从这个事物中感悟快乐，获得启示；而有人却从中得到烦恼，产生苦闷。所以，要想使自己过得快乐，活得精彩，就必须变换心态，美化心境，放开我们的胸怀。

有了这种宽广的胸怀，面对巍巍的高山，你会有"无限风光在险峰。"的欣悦。面对漫漫长路，你会有"山重水复疑无路，柳暗花明又一村"的信心。面对茫茫的前途，你会有"长风破浪会有时，直挂云帆济沧海"的豪言壮志。

所以放开胸怀吧，让所有的不快即刻消失，因为心灵才是我们成长的源泉，好好热爱它，你的心灵也会随之欢笑，而且你迈向成长的脚步都会随之振奋起来。

温馨小提示

海纳百川，有容乃大。青少年只有放开心胸，虚怀若谷，以平和的心态看问题，把自己思想上升到一定的高度，努力丰富自己的内涵，提高自己的思想素质，才能拥有快乐的人生！

做自己心情的主人

　　快乐是自己内心的一种感觉，不是由别人来控制和决定的。快乐是可以选择的，不管在什么时候，我们始终有这个权利。只要我们愿意，快乐会伴随我们直到永远。

　　1.自己的心情自己掌控

　　可以说，青少年并不是缺乏赢得未来的实力，而常常是心理不够成熟，不懂得如何驾驭自己的情绪，有可能被一些小事影响了人生的发挥，从而失去了前进的动力。

　　现实生活中，很多青少年也是因为不懂得控制自己的情绪而给自己带来了无尽的烦恼和痛苦。有些人因为过分注重别人的评价而整日变得疑神疑鬼，闷闷不乐，甚至自卑。其实是大可不必的，自己就是自己，不必过于在乎别人怎么想，怎么看。要做自己情绪的主人，自己的快乐自己做主。

　　2.快乐掌握在自己手中

　　其实，快乐是有一个遥控器的。每个人的心中都有这样一个遥控器，然而只有真正懂得人生的人才知道如何运用它。

　　真正懂得快乐为何物的人，并不期待别人带给他快乐，反而总能把快乐带给别人。而许多的人则是把遥控器交给了别人保管，把幸福与快乐寄托在别人身上，让别人成为我们情绪的晴雨表。

　　让别人来控制自己的心情。这样又怎么能够快乐呢？当一个人无形中允许别人来控制他的心情时，他便会觉得自己是一个被动的受害者，对现有的状况无能为力，于是抱怨便成了他们唯一的选择。并且认定了自己的不快乐都是由别人造成的。这样的人似乎承认了自己不能掌握命运，只能可怜地任人摆布。

有人说，其实痛苦和快乐是一对孪生兄弟，最关键的是自你如何选择。就好比春天和秋天一样，如果你认为只有生机勃勃的春天能给你带来快乐而拒绝了秋天，那么秋天的到来一定会让你痛苦不堪，因为我们不能阻止时间老人的脚步。

其实，不管是春天还是秋天，对你的生活来说都没有太大的影响，不同的只是你的感觉而已，如果你说服了自己选择快乐地度过秋天，你会发现，原来秋风瑟瑟，落叶纷纷的秋天也是另一种美丽。你的选择也许不是最好的，但是一定是你最爱的，一定是令你快乐的，一定是让你没有遗憾的！

不要抱怨人生路上，命运赐予我们的种种障碍或者不幸。因为它们往往是促使我们不断强大的动力，同时它们也有助于我们时刻保持清醒的头脑。这其实是人生难得的财富。所以关键的是要正确看待这些障碍，学会控制自己的情绪，因为快乐从心开始，而不快乐也始于心，所以控制自己的心是最为重要的。

快乐是一种积极的心态，是一种纯主观的内在意识，是一种心灵的满足程度。快乐没有固定的模式，它只是人们各自对快乐的认知。在快乐的天平上，无论是谁都是相等的。

温馨小提示

快乐是可以由自己选择的。人生的快乐，在于人的心态。

青少年在成长的道路上，也必定会遭受很多不顺心。但是，只要学会做自己心情的主人，你就始终能保持心情的愉悦。

掌控自己的情绪

自己的情绪应该由自己来控制，这样才会获得快乐。旁人的称赞会使你获得良好情绪，但是现实生活中还存在着种种不如意的挫折以及反对的意见。

所谓自己来控制自己的情绪，就是不等待别人的鼓励和暗示，自己就可以利用积极的心态来控制和改善自己的情绪。

青少年学会驾驭自己的情绪，这对于走好人生之路，尤其养成快乐性格具有重大作用。人通过加强自我修养完全可以，而且应该有效地驾驭自己的情绪，做自己情绪的主人，而不是奴隶。

1.要做情绪的主人

做情绪的主人，而不是奴隶。对于青少年来说，如果别人对你说了一些刺伤你的话，批评你，羞辱你，你会怎样？你会火冒三丈，气呼呼地骂回去，或是忍气吞声地强压下来？然后呢？你是否会越想越气，整个情绪都大受影响？

是的，如果有人对你生气，那是他的的问题；如果他侮辱你，那是他的问题；如果他粗暴无礼，那仍是他的的问题。因为他要怎么说，怎么做，那是他的修养，你能怎么办？

让我们记住：我是自己的主人。我是根据自己在做事，而不是跟随别人在反应。作为一名青少年，我们要做情绪的主人，不要使自己成为情绪的奴隶。

2.学会控制自己的情绪

在日常的生活中，青少年当发现自己的情绪无法控制时，不妨尽快脱身离开刺激你情绪的环境，或想一想明智的人在这种情境中会扮演怎样的角色。

如果你不能控制自己的情绪，反而被情绪所控制，那么就不会有积极的意义。

喜怒哀乐，遇事不顺心，发一通脾气，冒一顿火，亦算不得大错。但凡事得有度，应当把自己的情绪限制在无害的范围之内，不能因发怒而伤害自己或他人。

如果你有了烦恼，应学会冷静克制自己的情绪，并将自己的注意力转移到学习、娱乐或其他感兴趣的方面，这样就不至于越想越别扭，越想越伤心。

宣泄，对于抚慰一个人的心灵创伤，是一种极为有益的调节剂。

如果你有了烦恼，应主动地向父母及时倾诉自己的想法，或者找知心朋友交往、谈心。可向自己的朋友们倾吐苦衷，发泄郁闷，消除紧张心理状态；可与朋友讨论有意义的问题，转移注意力，遗忘痛苦；可得到朋友的劝告，开阔自己的思路，更理智地对待不良情绪；可受到朋友的赞助，同情和鼓励，使自己产生战胜不良情绪的勇气和信心。

温馨小提示

青少年要善于控制自己的情感，约束自己的言行，对盲目冲动和消极情绪的高度自制，是成长的重要因素。

有了烦恼，如果只盯着不放，那样只能使你更加的烦恼；倘若勇敢地去与烦恼抗争，那么烦恼就会成为快乐的开始。

第七章

培养好学的精神

在当今飞速发展的社会里，如果想使自己有立足之地，获得成长，最好的途径就是不断学习，掌握知识，用丰富的知识来武装自己。

中小学时期是学习知识的大好时光，青少年切不可虚度这有限的时间，而是应好好利用，不断学习更多的知识，为自己的将来打好基础。

养成刻苦学习的习惯

什么是学习？先说"学"。"学"就是效仿，即从别人或书本、环境、媒体等处通过听讲、读书、观摩、思考等，掌握人类已有的知识、增长智慧。这是人类必经的环节。

再说"习"。"习"的原义是小鸟频频起飞。孔子说："学而时习之，不亦说乎！"其中"习"的意思，一直有不同看法。有人说，"习"就是温习、复习。有人说，"习"是实践。

学习是把"学"和"习"组成的复合词，孔子的意思是说，学了之后及时、经常地进行温习和实习，不是一件很愉快的事情吗？

按照孔子和其他中国古代教育家的看法，"学"就是闻、见，是获得知识、技能，主要是指接受感性知识与书本知识，有时还包括思的含义在内。

"习"是巩固知识、技能，一般有三种含义：温习、实习、练习，有时还包括行的含义在内。"学"偏重于思想意识的理论领域，"习"偏重于行为行动的实践方面。

学习就是获得知识，形成技能，培养聪明才智的过程。青少年要把"学"和"习"结合起来，学习知识并时常的巩固和复习。

1.青少年要刻苦学习

对于青少年来说，学习本应是快乐和幸福的，可为什么一说到学习，就用刻苦两字来激励呢？为什么有的青少年在学习过程中感到痛苦万分，甚至有人出现半途而废的情况呢？

其实，我们可以想一想，并不是所有的学习都让你感到痛苦和厌烦。从刚出生时和小动物没有什么区别的无知幼儿，到现在成长为一名学生，期间我们已经经历了不少，也学习了不少。

我们的学习，从一出生就开始了：第一次扭头，第一次翻身，第一次能坐，第一次会站，第一次能走，第一次会跑，第一次会说话……稍大以后，第一次学会用饭勺，第一次能够使筷子……这些跟我们学习的特殊性都是分不开的。

作为一名青少年，我们的学习是在各类学校的特定环境中，按照教育目标的要求，在教师的指导下，有目的、有计划、有组织地进行的，这是一种特殊的认识过程。

以前我们的学习在很短的时间就能感受得到，从来没有像学校学习过程这样漫长，要持续十几年甚至更长，还有一些青少年喜欢放大自己学习活动中的失败感，更让自己添加了许多苦恼。也正因为如此，学习有时不再仅仅是一种智力的考验，更是人的意志品质的考验。

我国古代有许多刻苦学习的典型。西汉著名的学者匡衡年轻时十分好学，可小时他家里很穷，连灯都点不起。匡衡晚上想读书的时候，常因没有亮光而发愁。

后来，他想了一个办法，就在墙壁上悄悄地凿了一个小孔。让隔壁人家的烛光透过来。就这样，他经常学到深夜，后来终于学成做了汉元帝的丞相。从凿壁借光的事例可看出：环境因素并不是决定性的因素，匡衡在极其艰难的条件下，尚能通过自己的努力取得成功，我们今天比起那时要先进了无数倍，更应该珍惜光阴，刻苦学习。

东汉时候著名的政治家孙敬也是刻苦学习的典范。孙敬年轻时勤奋好学，经常关起门，独自一人不停地读书。每天从早到晚读书，常常是废寝忘食。读书时间长，劳累了，还不休息。时间久了，疲倦得直打瞌睡。他怕影响自己的读书学习，就想出了一个特别的办法。

古时候，男子的头发很长。他就找一根绳子，一头拴在他的头发上，一头牢牢地绑在房梁上。当他读书疲劳了打盹时，头一低，绳子就会牵住头发，这样会把头皮扯痛了，他马上会清醒过来，再继续读书学习。

战国时期，有一个人叫苏秦，是出名的政治家。在年轻时，由于学问不深，曾到好多地方做事，都不受重视。回家后，家人对他也很冷淡，瞧不起他。这对他的刺激很大，所以，他决心要发奋读书。他常常读书到深夜，想睡觉时，就拿一把锥子，一打瞌睡，就用锥子往大腿上刺一下。这样，猛然间感到疼痛，使自己醒来，再坚持读书。

不经一番寒彻骨，哪来梅花扑鼻香。青少年要学习"头悬梁，锥刺股"的主人公刻苦学习和奋力拼搏的精神，努力学习科学文化知识，这样才能成为对社会有用的人才。

2.怎样做到勤奋学习

在学习上，怎么才能做到勤奋刻苦？这需要我们给自己找到学习的内在动力，即，为什么读书？

在学校，总是有些学生不喜欢自觉学习。青少年不愿学习，怕学习，原因是多方面的：有态度、方法方面的，也有信心、毅力方面的；有自身的，也有外在的。而最关键的、最根本的则是缺少学习动力，缺少一种内在的催促自己不断进取、不断提高的学习动力。那么，学习动力从哪里来呢？

（1）要有良好的学习动机

《学习的革命》一书中说，"学习与动机是不可分割的，动机提供目标和方向，无目的的学习常常是无益的。"学习动力首先产生于学习的动机。学习动机是直接推动学习的一种内部动力。

产生了学习的动机，有了明确的学习目的，才能产生学习动力。这就要求我们青少年要学会听取父母、老师的引导、教育，要有远大的理想和追求，让自己的学习具有强烈的动力。

（2）给自己施加适当的压力

我们通常说，压力产生动力。其实人的一生都是充满压力的：学习的压力、工作的压力、生活的压力等。

有人曾说"压力是人生的燃料"，一个人的生存发展是以压力作为燃料，作为成长的动力，作为人生能量的源泉的。可见压力对人发展的重要性。

作为青少年不可能不遇到学习压力。学习是苦乐相伴的过程，有苦也有乐，只靠一时的热情是不行的，更需要正确认识，冷静对待。

（3）让自己不断成长

最能激发青少年产生学习动力的还是自己不断取得学习上的成功。确立一个个小的目标，并努力使自己达到这个目标。

有位教育家说过，"当学生达到他们的目标时，动力与能力就会猛增"。因此，作为青少年要及时了解自己的学习结果，看到自己的学习成绩进步，努力让自己不断获得成长。

学习是一种会使你更快乐、生活质量更好、更有自尊、对社会贡献更大的一种素质提高的过程。努力学习，你将发现自己不断了解到广阔而充满神秘的世界。你还将发现，以坚强的毅力、乐观的情绪，脚踏实地的由易到难不断更换目标，是我们每一个人都可以做到的。

青少年的学习，就应该让自己有学习的"动力"，就会不怕困难，就能排除万难，在求学的道路上，战胜一个个拦路虎。在学习的过程中，发现自己可以做学习的主人，做一个在学业上有所建树的人，做自己生活的强者。

温馨小提示

古今中外，有许多关于刻苦学习的名人成功事例都告诉我们：学习不是一蹴而就的事情，每一个想在学业上有所建树的人，必须付出艰苦努力。

青少年要不断地激励自己，培养自己非凡的意志和品质，力争用自己的真才实学为社会作出贡献。

朝三暮四，一事难成

青少年天生具有强烈的好奇心和勇于探索未知的精神，与此同时，缺乏的可能是持之以恒的学习态度和探索的韧劲。今天做这个，明天做那个，不能长期坚持学习。

1自强之路切忌朝三暮四

朝三暮四，就是没有恒心，任何技能的熟练都要有一个过程，在这个过程中会遇到各种困难，但不能向困难低头，要坚持不懈地反复学习，持之以恒，最终走向成功。

青少年在学习的征途上，要想有些成就，就不能"朝三暮四"。成才之路有很多，但真正达到预期目标，学有所成的人，往往并不多。一个很重要原因，就是有的人常犯"朝三暮四"的毛病。开始时雄心勃勃，可没坚持几天，就找出种种理由放松学习，有时甚至将原来的目标忘得一干二净，这样肯定不会得到好的收获。

学习一样东西、做好一件事情，是非专心致志、下苦功夫不可的。若"朝三暮四"是绝对不可以的。若青少年对于求学很是随便，学习的时间又少，荒废的时间多，这样怎么能学到知识呢？

2. 浅尝辄止将是一事无成

青少年在学习过程中，注意力起着非常重要的作用。有位专家说："注意力是学习的窗口，没有它，知识的阳光就照射不进来。"对青少年的学习来说，注意力是至关重要的。只要专注于学习中应该做的每一件事情，全心全意，专心致志，就一定能实现自己的目标。

青少年在学习的时候，一定要专心，唯有心无二用，才可以学到真本领。有的人总是干一行埋怨一行，可是往往他们会被毫无益处的事情弄得筋疲力尽、功亏一篑。

所以，任何人如果浅尝辄止都将是一事无成，没有持之以恒，始终如一的专注，就不能博闻强记。学习不能虎头蛇尾，必须处之泰然，一如既往。

没有永远的失败，也没有永远的黑暗，所谓失败就是自己的朝三暮四，黑暗只是成功前的必经阶段。所以青少年朋友在生活中不要朝三暮四，自强不息，坚持下去，就是成长。

温馨小提示

如果一个人只看得见眼前的利益，得到的只是短暂的欢愉；而当一个人目标高远，同样也要面对现实时，只要他把理想和现实有机结合起来，就会成为一个成功之人。

生活学习中不要朝三暮四是一个简单的道理，却可以给青少年意味深长的人生启示。

学会珍惜每寸光阴

光阴似箭，不可虚度。珍惜时间就是珍惜生命。

1.珍惜时间

珍惜时间，就是珍惜生命。每一个人的生命是有限的，属于一个人的时间也是有限的。人生短暂，只有珍惜时间，才能拥有无悔人生。古往今来，有多少人都在叹息"黄河之水天上来，奔流到海不复回……"时间的流速令人难以估测，无法形容。那么，青少年要想让自己的人生更有意义，就应该珍惜属于自己短暂的时间。

古人有诗写道："三更灯火五更鸡，正是男儿读书时，黑发不知勤学早，白首方悔读书迟。"、"少壮不努力，老大徒伤悲"等诗句都是告诫我们：人生有限，必须惜时如金，切莫把宝贵的光阴虚掷，要趁青春年少时期多学一点，成就一番事业。

一个人要想在有生之年做点贡献，就必须爱惜时间。珍惜时间，就是爱护自己的生命。"时间如流水，稍纵即逝；生命像激光，一晃而过"。这些都提示着我们青少年应珍惜时间。

2.放弃时间，时间也会放弃他

著名作家莎士比亚说："放弃时间的人，时间也会放弃他"、这就告诉我们，要想多学知识，不断成长，取得成就，青少年必须要珍惜每分每秒，不可虚度。有作为、有成就的人们，都是因为珍惜时间才得到的结果。

可是，对于青少年来说，还有一部分人不懂得珍惜时间。庸庸碌碌，无所作为。把今天所要干的事放在明天去干，生在黄金岁月，一点也不感到虚度年华而悔恨，也不为碌碌无为而羞耻。

在青少年成长的大道上，要抓住"时间"这匹烈马的缰绳，并把姗姗而来的"未来"扶上马背，扬鞭催马，四蹄生风，争分夺秒地驰骋在我们人生成长的大道上。

要知道，"一寸光阴一寸金，寸金难买寸光阴"。时间对于每个人来说都是平等的，但是在这有限的时间内，因为我们有不同的努力而创造不同的结果。

俗话说："少壮不努力，老大徒伤悲"。从中我们可以领悟到，人生单行道，岁月不留情。青少年必须珍惜时间，不虚度光阴，为自己的人生成长铺上正确的道路。

温馨小提示

作为一名青少年，要树立远大的理想，努力学习科学文化知识，无悔自己的青春年华。

要达到这个目的，就应当惜时如金。因为珍惜时间才能学有所成，珍惜生命才能创造出辉煌人生。

勤学好问是成功阶梯

健康的成长，是一个不断学习的过程。在学习的过程中，勤学好问必不可少。

1. 勤学好问必须诚恳

对于青少年来说，往往出于矜持或虚荣的原因，不喜欢问别人问题，不想承认别人比自己懂得多，这是一种极愚昧的自傲心理作祟。假使你请教他人时是以一种早已晓得的态度，那你最好不问。无论你所请教的人如何卑微，你的发问态度必须诚恳，要有一种真正想知道的态度。

想从别人身上得到知识的唯一秘诀，在于你能使别人感觉到你确实承认和敬佩他们高深的知识。这种诚意的敬重可以打开别人的心门，使你也能从中得到收益。

春秋时代，孔子被人们尊为"圣人"，他有弟子三千，大家都向他请教学问。他的《论语》是千百年来的传世之作。孔子学问渊博，可是仍虚心向别人求教。

有一次，他到太庙去祭祖。他一进太庙，就觉得新奇，向别人问这问那。有人笑道："孔子学问出众，为什么还要问？"

孔子听了说："每事必问，有什么不好？"

孔子虚心好学，肯向一切人求教，包括向比自己地位低的人学习，这就叫"不耻下问"。

前人说："读书好问，一问不得，不妨再问""不学不成，不问不知""君子之学必好问，问与学，相辅而行者也"。

前人还说过，"非学，无以致疑；非问，无以广识""有教养的头脑的第一个标志就是善于提问"。

这就是说，读书好问，问一次不理解，可以再问，要做到"不懂就问"。

2.学会正确的发问

有些青少年在提问以后，往往得不到自己想要的答案。原因一般有二，一是可能你问错了人；二是可能你提问的方式有问题。

俗话说："智者问得巧，愚者问得笨"。这种碰钉子并不是说你以后不应再问了，而是你应当找到合适的方法寻找答案。

（1）必须问一个确实知道答案的人

有了疑问，去问真正知道的人吧，这是最好的方法。去纠缠那些不晓得答案的人是一件愚蠢的事，这只会使他不高兴。

无论什么问题，一旦想解决，绝不是拿着别人无知的话当作最后的决断。成功者未必能解决每一个问题，但是成功者也不会相信因为别人说不能解决，便以为真的不能解决，而是不断寻求正确的解决方法。

（2）只有承认无知，才能诚恳发问

而且更重要的是，不是在于你能否得到答案，都要保持一种诚恳的疑问态度。

要端正自己关于问题的态度，就要承认你自己是"多么的无知"。必须承认，世上有许多事情都有待你去学习。反之，假使你自以为比旁人知道得多，假使你和他们交谈是要证明他们比你愚蠢，那你已在朝成长的路途上逆行了。

对于你周围的东西和事情，要保持疑问的态度。寻找问题，加以发问。找出困难和矛盾的地方。承认仍有许多你可以学习的事情。诚恳地向别人，甚至向比你地位低的人进行提问，你才能得到极有价值的资料，自己才能获得真正的成长。

温馨小提示

古人说道："一勤天下无难事"。青少年正是学习的好时期，因此要养成喜欢讨论问题的习惯。假使你喜欢讨论，你便能懂得透彻地训练思考。相反地，假使你讨厌讨论问题，你便会躲避，也绝不能学到如何思考。所以要培养自己的爱问、爱讨论的习惯，才能学到真正的本领。

博览群书，积累知识

学习令人睿智豁达，优雅美丽。学习不能改变人生的长度，但它可以改变人生的宽度。从这个意义上讲，知识可以改变你的人生。人的外貌基于遗传而难于改变，但人的精神可以因阅读而蓬勃葱茏气象万千。学习不能改变人生的起点，但它可以改变人生的终点。让人生永不听任命运的摆布，把握自己，执著地走向梦想的彼岸。

文化知识穿越时空，为人类开辟了一个广袤世界的无限星空，它揭晓迷离的过去，抵达遥远的未来。它可以开启无数个维度空间，让思想通向伟大的心灵。

1.博览群书，助我成功

随着学习化社会的来临，社会上的各行各业都在读书学习，然而读书学习对于青少年尤为重要。

因为作为青少年，正是读书学习的关键时期，因此读书要广泛，除了学习课本知识以外，也要通过博览群书来充实自己。

青少年可以去泡泡图书馆，因为学校和家里的书毕竟有限。在图书馆里阅读绝对是顶级的享受。

　　博览群书有着重要的意义。但对有些青少年来说，自己的课本都懒得看，更别说是要求他们博览群书了。这就要求青少年有强大的意志力，不断要求自己学习知识，只有这样才能有所建树，才有可能为自己的人生创造财富。

2.青少年要博览群书

青少年肩负着自己的成长和未来社会建设的神圣使命，只有用知识来武装自己的头脑，才能更好地完成自己的使命。在学好课本功课之外，要博览群书，胸怀大志。浩如烟海的知识，博大精深的文化，就摆在青少年的面前。我们要把痴迷的精神拿到学习上来，博览群书，肩负起青少年的使命。

青少年可以通过博览群书的方法进行学习，并以此知识来充实自己。书是知识的海洋，学海无涯。想在知识的海洋中遨游，最要紧的是要多读书。

诗人杜甫曾经讲过，读书破万卷，下笔如有神，我们青少年要下定决心好好读书，用丰富正确的知识指引我们走好人生的每一步路，在成长的道路上自强不息。

温馨小提示

"宝剑锋从磨砺出，梅花香自苦寒来。"每一个人都有自己的理想，而这些理想都是要靠辛勤耕耘来实现的。

当然，勤奋并不意味着蛮干，而是要在刻苦学习的基础上，合理安排时间并掌握好的学习方法。这样，学习才有效率。"天道酬勤"，只有用自己辛勤的努力和汗水去耕耘，才能开拓出自强的人生。

勤于动脑，善于钻研

孔子说："学而时习之"，就是告诉我们，要勤奋学习，也要善于动脑并时常地巩固和复习。

1.要学好，勤动脑

在社会快速发展的今天，我们青少年要想学好知识，更重要的是要勤于动脑，有自己的看法和见解，这样的学习方法才是正确的。

在学习中，青少年不要迷信老师和书本以及权威，要善于发现问题，提出问题，解决问题，把自己培养成一个勤于思考、善于动脑的具有时代精神的人。否则，以后就会难以立足于社会，被社会所淘汰。

凡是对人类发展作出巨大贡献的伟大人物，都善于动脑。科学家牛顿就是因为在进行试验时，善于动脑才取得了众多的发明和创造。

当牛顿费尽心血算出"万有引力定律"后，没有急于发表。而是继续孜孜不倦地深思了数年，研究了数年，埋头于数字计算之中，从未对任何人讲过一句。

后来，牛顿的朋友，大天文学家哈雷，在证明一个关于行星轨道的规律遇到困难时，专程登门请教牛顿。牛顿把自己关于计算"万有引力"的书稿交给哈雷看。哈雷看后才知道他所要请教的问题，正是牛顿早已解决，早已算好了的问题，心里钦羡不已。

在1864年11月某一天，哈雷又到牛顿的寓所拜访。当谈到有关天文学的学术问题时，牛顿拿出写好的关于论证"万有引力"的论文，请哈雷提意见。哈雷看后，对这一巨著感到非常惊讶。

他欣喜地对牛顿说："这真是伟大的论证、伟大的著作！"他再三奉劝牛顿尽快发表这部伟大著作，以造福于人类。可是牛顿没有听信朋友的好意劝告，轻易地发表自己的著作。而是经过长时间的一丝不苟的反复思考、验证和计算，确认正确无误后，才于1687年7月将《自然哲学的数学原理》发表于世。

牛顿是个十分谦虚的人，从不自高自大。曾经有人问牛顿："你获得成功的秘诀是什么？"

牛顿回答说："假如我有一点微小成就的话，没有其他秘诀，唯有勤奋而已。"他又说："假如我看得远些，那是因为我站在巨人们的肩上，我善于动脑和思考。"

这些话多么意味深长啊！它生动地道出牛顿获得巨大成就的奥妙所在，这就是在前人研究成果的基础上，以献身的精神，勤奋地创造，开辟出科学的新天地。

2.勤于思考苦也乐

人们常说："勤能致富"。但是勤奋并不等于蛮干，也要讲求方法，只有方法适当，才能成功。

的确，如果对学到的知识、调查得到的情况不做深入思考，就难以留下深刻的烙印，最终收效甚微。

青少年要充分理解思考的重要意义，蛮干的结果是我们做的都是无用功。要善于思考，切不可蛮干。

其实，人与人之间的智商差异并不大，差距就在于看谁思考得多、思考得深、思考得对。自然，坐在那里默默沉思是一种思考，把自己的所读所想记述下来、表达出来，也是一种思考。长期思考下去，必有大的进步。青少年要在勤于动脑中创造自己的自强人生。

温馨小提示

经过思考后得到的果实虽甜，但思考的过程却很苦。苦就苦在思考需要大量研究，掌握第一手资料，需要坚持不懈地总结积累经验，需要给自己不断"充电"。

勤于动脑，不可蛮干，青少年要在学习中善于动脑，哲学家洛克威尔说："真知灼见，首先来自多思善疑"。充分说明了思考的重要意义。勤于动脑，让我们的人生更精彩；勤于动脑，让我们做生活的强者。

第八章

培养勇敢的性格

　　勇敢性格是指青少年不怕困难和危险，敢于克服困难，并且在遇到危险时不慌张，处事有谋的优良品质。

　　勇敢性格还包括勇于承认自己的错误，勇于改正错误。这种心理品质在现代充满竞争的社会中尤其需要。

勇气，超越自我的力量

文学家歌德曾说："你若失去了财富，你只失去了一点；你若失去了荣誉，你就失去了许多；你若失去了勇气，就把一切都失去了。"生活对于人们来说，少的是平坦，多的是坎坷；少的是美妙的乐章，多的是烦扰的噪音；少的是开怀大笑，多的是痛苦彷徨。

所以，青少年在成长过程中，就必须有足够的勇气来面对这一切，不论你经历什么，在经历着什么，总该明白，人生的路不管是好是坏，总要走下去。青少年作为初升的太阳，更要有一种初生牛犊不怕虎的精神，敢于面对，敢于挑战。

1.突破自我需要勇气

在人生前进的道路上，勇敢的人有勇气面对困难，绝不能向困难低头，敢于千方百计地解决困难，也正是因为有足够的勇气，才能突破困境，获得成长。

的确，"放弃"只要一句话，而"成长"却需要一辈子的坚持。对于青少年来说，对生活、对未来有着无限的憧憬，但也有着无限的恐惧，这就需要我们拿出对生活坚强的意志和勇气，勇敢的面对生活中的每一天。

即使失败马上就要降临，又有什么可怕的呢？只要没有丧失勇气，成功的希望就永远不会破灭。只要拥有成功的希望，失败就不会轻易接近。即使真的失败了，失败又算什么，只要有勇气去面对失败，有勇气去再试下一次，就还可以再一次迎接下一次的成功。

2.勇气是成长的前提

生活中所走的每一步，都需要很大勇气，也正是因为勇敢，所以才会让自己的成长迈进一大步。翻开字典，勇气、勇敢的解释为，有胆量，不怕危险和困难，为达到既定目标而果断行动，甚至不惜献身的精神和行为。生活中，勇气是接受挑战的信心，是承受失败的力量，是做出选择的决心，是坚持到底的毅力，是从失败中重新站起来的坚强。青少年也需要勇气来为自己的人生打气，挑战所有的考验，攀登生命的高峰。

其实，很多时候，成长的大门都是虚掩着的，困难只是被我们无意识的夸大而已，只要有勇气，勇敢地去探索，大胆地往前走，呈现在你眼前的将是一片崭新的天地。

在成长的道路上，勇气是突破自我的强大动力，是成功的垫脚石。它是你在成长道路上累积的经验和财富，可以使你强大，可以帮你从低谷中走出来，重新面对斑斓世界。

人正是因为勇气，所以才不会因他人的眼光而退却；正是因为勇气，明知理想之路充满艰难，但还是会微笑地走下去；正是因为勇气，所以才会坚持，才会容忍，才会成功。

古今中外所有杰出的人物，他们无不是笑着面对人生的巅峰和困境，在属于自己的道路上无所畏惧，一往无前，而这需要的就是勇气。所以青少年朋友们，请勇敢地面对人生的各种际遇，珍惜这来之不易的学习机会，让人生变得更加精彩。

青少年要知道：只有勇于面对自己心中黑暗的人，才是最坚强的人。人生中真正的险境，存在于我们的心里。对危险的恐惧，俘虏了我们，让我们看不清人生的真相。所以只有打破自己内心的恐惧和障碍，我们才能实现自我突破，把握自己的人生。

温馨小提示

人并非天生具备勇敢的品质，这就需要青少年朋友在平时注意培养和锻炼。只有经过不懈地努力，历经困难、挫折、甚至失败，人才能得到在困难面前不后退、不低头的勇气。越是在危机时刻，青少年的勇气就越需要经受巨大的考验。

生命的意义在于对无限未知世界的探索，顽强的生命力，敢于牺牲的精神都是通过锻炼，最终才获得的。

人生不走寻常路

现实生活中，人们总习惯去走别人走过的路，少数服从多数的理念让我们偏执地认为，大多数人走过的路是不会错的。追风、跟随者、随大流，传统的想法只会冻结人的思维，阻碍前进的脚步。

成功人士的经验告诉我们：想不寻常的问题，走不寻常的路，凡事快人一步，是获得成功的要素。所以，青少年们要想为成长扬帆起航，就要多留心生活，善于观察，勤于思考，敢于创新，才能抓住机遇。

1.永远比别人领先一步

对于渴望成功的青少年来说："敢走别人没走过的路"的精神是非常可贵的，成功的人都是第一个吃螃蟹的人，他们总是先例的破坏者。而正是敢尝试别人没尝试过的东西，才成就了自己辉煌的人生。

每个人的道路虽不尽相同，但人人都想成功。或许你会说，那些科学家、发明家是天才、遇到好机遇。但你可曾发现，所有的成功人无不是另辟蹊径，敢于创新的人，他们懂得运用自己的思维，走别人没走过的路，做别人没做过的事。他们知道，如果不能领先他人，而是一味地去跟随别人的脚步，那么就永远只有做"第二个吃螃蟹的人"。

鲁迅先生曾称赞："第一次吃螃蟹的人是很可佩服的，不是勇士谁敢去吃它呢？"随着信息时代的到来，当今社会的竞争也越来越激烈，另辟蹊径，思维创新已成为引领时尚，引领潮流，引领各行各业发展的力量。

如初升太阳一般的青少年，自己的人生路刚刚起步，让自己拥有创新的头脑，具有敢于冒险的勇气，是改变命运，让自己与众不同所必备的根本。你或许没有显赫的门庭，也没有聪明的大脑，只是众多人中一个普遍平凡的人，但创新并不需要天才，只要你有独到的眼光，去观察去发现，找到其他人所没有看到的；只要你敢想敢做，抓住脑中灵光的一闪，抓住难得的机遇，敢做第一个螃蟹的人，你就已经成功的一半。

2. 领先一步，抢占先机

早起的鸟儿有虫吃。同样的道理，人生不管做什么事，都要有抢先一步的意识，所谓快一步海阔天空，慢一步处处被动，谁抢占了先机，谁就掌握了主动权。我们常会说，机会只会垂青有准备的人，而快一步的目的，就是为了让自己能够早一点做好准备，等到机会来临的时候，能抓住机遇，获得成功。

拿破仑曾说："我的军队之所以打胜仗，就是因为比敌人早到5分钟。"的确，比赛中的冠军只是比别的选手提前一步到达终点而已，而这提前一步的结局却有着天壤之别。

领先一步，看似简单但做起来并不容易。人们对于习以为常的事总是习惯遵循传统观念的想法，按照常规去做去思考，如果一个人的思维时时受到传统思维定式的影响，不敢去改变，还如何做到比他人快一步呢？一个人的平庸，并不是因为能力有限，而是缺乏独到的眼光善于抓住一个机会并去发掘开拓。也就是说，领先一步的前提就是要有打破常规的创造性思维，敢于不断开拓创新。

温馨小提示

对于任何一个人来说，只有创新才会使自己充满活力，只有创新才能使自己不断改进，化劣势为优势。青少年正是学习知识，积蓄能量的重要阶段，一定要养成想常人不敢想，做常人不敢做的创新精神，才能紧跟时代的步伐，开启梦想之门。

超越人性，战胜自己

有这样一句名言：自己打败自己是最可悲的失败，自己战胜自己是最可贵的胜利。由此可见，不能战胜自己的人，是胆小的懦夫。而突破自我，需要巨大的勇气，需要顽强的生命力。

所以青少年无论正处于什么样的环境中，请大胆拿出你的勇气，去克服眼前的困难、克服恐惧、克服失败带给你的伤痛吧。

1.自己是人生中最大的敌人

挑战自己是我们人生当中最大的挑战，这是因为其他困难都容易战胜，唯独自己是最难战胜的。

有位作家说得好："自己把自己说服了，是一种理智的胜利；自己被自己感动了，是一种心灵的升华；自己把自己征服了，是一种人生的成熟。"人只要说服了、感动了、征服了自己，就能征服所有的挫折、痛苦和不幸。

我们大多数都是平常人，惯性思维方式造就了平庸的我们。人性中都有许多弱点，当危机感充斥在周围的时候，你就会爆发出自己的潜力，战胜自己。人生需要突破，突破自己就是胜利！当自己的潜能突破之后，才知道，自己的潜力有多少！

要挑战自己就要敢于正视自己，作为一个勇敢者是不会回避自己的弱点的，只有懦夫才畏首畏尾，推搪塞责。如果你想取得成功，你就要学习做一个勇敢的人，学习做一个明白事理的人。只有这样做，我们才会与成功相交。否则，最终只会使我们悔恨交加，因此而遗憾终生。

一件事，如果自己不去尝试做做看，永远都不知道自己的底线在哪里。只有突破，你才会真正地认识你自己，你才会更加了解自己，你才会知道自己的潜力到底有多大。

战胜自己需要的是一份不服输的勇气与坚定的意志。青少年在生活与学习过程中，也需要战胜自我的勇气与毅力。只有在精神上树立这种不服输的意志，才能战胜生活中的困难与困惑，才能使自己在成功的道路上不断前进。人生，谁不受挫折？只有用不服输的劲儿与坚持不懈的努力去战胜困难与挫折，人生才会更有价值。

2.战胜自己就无所畏惧

巴雷尼小时候因为患病所以变成了一个残疾人，这使得他的母亲痛苦不堪，但是母亲还是忍住伤心，因为她认为孩子这个时候需要的是鼓励和帮助，而不是同情。

所以她坐到巴雷尼的病床边，拉住他的手说："乖孩子，妈妈相信你是一个有骨气的人，希望你能用自己的双腿，勇敢地走在人生的道路上。好巴雷尼，你能够答应妈妈么？"

妈妈的话，如晴天霹雳，使得巴雷尼大哭起来。但是，他还是在妈妈的帮助下，不断地坚持走路，做体操，常常累得满头大汗。在妈妈的支持下以及自己的辛苦努力下，巴雷尼逐渐克服了残疾所带来的行动不便，而且他还经受住了命运的无情而又严酷的打击。

他发奋学习，成绩一直名列前茅。最后，他以优异的成绩考上了维也纳大学医学院。大学毕业以后，巴雷尼把全部的精力都放在耳科神经学的研究上。在数年的努力之下，他登上了诺贝尔生理学和医学奖的领奖台。由此可见，战胜了自己的人会变得无比坚强，无论面对任何困难，都会坚韧不拔地挺过去。这是因为他们具有在风雨中磨炼自己的决心和勇气。战胜自己，其实并不是一件容易办到的事情。这不仅需要很大的勇气，而且也需要具备顽强的意志，不断地总结自己，寻找自己的突破口。

战胜自己，是成功者不可少的一个品质。青少年从一出生起，就被限制在一个很局限的环境中。所以每个人对这个世界、社会、自身的认识都是局限的，都是片面的。个人的渺小相对于庞大的世界来说就是坐井观天。如何在有限的生命时间里，突破限制自身的客观条件的牢笼？那就是要打破"围墙"，跳出圈子，战胜自己。

温馨小提示

在人生的旅途中，青少年会时时遭遇许多困难与各方面压力，而且还不可避免会受到来自自身的挑战。事实上，在这些压力中，自身是阻挡我们成功的最大"敌人"，它也只有靠我们自己才能对付。青少年若想走向成功之路，只有敢于做自己的对手，战胜自己，才能创造人生的辉煌。

将逆境变为成长的土壤

在漫长的人生旅途中，每个人都会面对许多的挫折，需要不断地战胜自己，勇敢地克服困难，才能度过艰难的时期。有的人从困境中走了出来，找到了光明的未来；有的人陷入困境，自暴自弃，无法自拔。其实，成功的人只是把逆境变成了磨砺自己的一个土壤，才得以走出困境。

1.逆境成就伟大

宝剑之所以锋利是因为被反复磨砺；梅花之所以清香是因为经受了严寒的激励。其实人也是这样的，有许多在历史上有作为的人，都是在逆境中磨炼出来的。

名人培根曾经说过："奇迹多是在厄运中出现的。"的确，生活中或有这样或者那样的挫折。而有的人在逆境中奋起，做了惊人的成绩，也有的人没有勇气正视人生，沉沦下去，颓废一生。

其实，逆境未必一定就是坏事，很大程度上，反倒也是人生一种难得的财富。青少年正处于人生的朝阳阶段，所以更应该懂得逆境对于成长的激励作用。在人生前进的道路上，人们难免会遇到一般人难以体会的困难、挫折和痛苦，在这种情况下，只有强者才能挺立。在生活的征途上，只有不畏险阻，不怕困难的斗士才能享受到成长的喜悦。

2.逆境更有助于成长

逆境就好比是一块石头，它可以是弱者的绊脚石，让他寸步难行。对于强者来说，它可以用作垫脚石，能够磨炼人的意志和忍耐力，从而使你站得更稳、更高，创造出新的自我，从而获得人生的灿烂辉煌。从来没有经历过打击的一个人，就像是温室里的花卉，经不住人生中的风霜雨雪。这样的人往往会被一时的困难打倒，所以就很难成功。面对逆境乃人生中的常事，要随时准备迎接，并有信心克服。任何事情都有解决的办法，怕就怕我们不去想办去。爱迪生、居里夫人在当时有限的、艰苦的环境中，面对了多少困难，最终以他们不懈的追求而成为世人铭记的伟人。

比起那个时代，那样的环境，我们有什么理由害怕困难与挫折呢？我们应该更有信心去克服困难，正视挫折和磨难的价值。如果克服了它，我们的人生就因此登上了一个新的高度。同时，逆境能够给人以反思，使人从困境中寻找正确的道路。逆境并不是失败的标志，而是成功的开始。面对逆境，不同的人会有不同的反应。要想走出逆境，就必须将逆境变成向上成长的土壤，这样才能够在逆境中崛起。所以关键看你是如何对待逆境。

温馨小提示

生活之路，并非都是鲜花、掌声，它还布满了荆棘，充满了辛苦。然而，这才是真正的生活。所以，青少年朋友们，请正确地看待逆境吧，学会在逆境中反思自己，从而走出逆境，超越自己！

每一个坎坷都是历练

人生，就像是一片汪洋的大海，时而风平浪静，时而波浪滔天。风平浪静的时候，就好似人们平平淡淡的日子。而波浪滔天则好似人们遭遇不顺或不幸，是人生路上的坎坷历程。面对不幸和坎坷，我们每个人应该勇敢地面对，把它当作人生的一次次历练。应为我们都有一颗成长的心，而成长必须经历坎坷的历练。

1.成长来自坎坷的历练

既然上天不能让我们一帆风顺，在生活的道路上早已安排了不同程度的坎坷。人们无法逃避，也不能躲闪，那么就勇敢地面对吧。因为每个人的成长都需要不断地接受坎坷的历练。华罗庚这一数学大家从小就经历着坎坷的历练，才成就一代数学家的美名。

华罗庚小时候家境非常贫寒，初中未毕业便遭遇了辍学在家的命运。辍学之后，他对数学依然保持着强烈的兴趣，而且更懂得用功读书，他从一本《大代数》，一本《解析几何》及一本50页从老师那儿摘抄来的《微积分》开始，走出了人生成长的第一步。

华罗庚辍学期间，帮父亲打理小店铺。为了抽出时间学习，他常常早起。隔壁邻居早起磨豆腐的时候，华罗庚已经点着油灯在看书了。伏天的晚上，他很少到外面去乘凉，而是在蚊子嗡嗡叫的小店里学习。严冬，他常常把砚台放在脚炉上，一边磨墨一边用毛笔蘸着墨汁做习题。每逢年节，华罗庚也不去亲戚家里串门，埋头在家里读书。

白天，华罗庚就帮助他的父亲在小杂货店里干活与站柜台。顾客来了，帮助他父亲做生意，打算盘，记账。顾客走了，就又埋头看书或演算习题。

有时入了迷，竟然忘记了接待顾客。时间久了，父亲很生气，干脆把华罗庚演算的一大堆草稿纸拿来就撕，撕完扔到大街上。有时甚至把他的算草纸往火炉里扔。每逢遇到这种时候，华罗庚总是拼命地抱住他视之如命的算草纸，不让他的父亲烧掉。

华罗庚克服了常人难以想象的困难与阻力。没有时间，养成了他善于利用零碎时间，善于心算的习惯。没有书，养成了他勤于动手，勤于思考的习惯。这种习惯一直保持到他的晚年。

面对辍学，华罗庚没有放弃数学的理想，经过久久不懈的顽强努力，终于成了有名的数学家。

如今的青少年，坐在宽敞明亮的教室里，没有华罗庚年少时的艰苦，但是不等于生活没有波澜。在波澜起伏的生活中，我们要学习华罗庚在坎坷中艰苦历练的不屈不挠的精神。

2.跨越坎坷也是一种成长

明媚的春天，鸟语花香，莺歌燕舞，是我们向往的环境，可人世间会少了"淫雨霏霏"吗？我们的生命里，并非都是歌舞升平，一派祥和，总也伴随着几多不幸，几多烦恼。

正是这几多不幸，几多烦恼，让我们学会坚强，学会承受．诸多的风雨坎坷磨砺了我们的人生。暴风骤雨后，观望着那美丽的彩虹时，回味历程原来坎坷也是一种成长。

人生，就要勇于在风雨中摸爬滚打，在风雨中奋力拼搏，才不愧为一个大写的"人"字。坎坷的成长经历能够赋予我们智慧、勇气和战胜困难的决心。有了这些，我们才真正体味到人生的滋味，才有了苦乐年华的含义。

坎坷是摆脱束缚，摆脱贫困，战胜困难，走上成功的催化剂。

只有在挫折中百折不挠，始终如一的努力拼搏，去追求，去进取，用心与汗水去开辟一个崭新的天地，去描绘一幅绝美的风景，你才能做一个生活的强者。

现实生活存在过多坎坷，人生不会有一帆风顺的。当你走过一段的时候，就出现你意想不到的挫折与坎坷，因为人生就这样。既然逃避不了，何不让它把你磨炼得更加坚强，更加成熟。让每一次的坎坷都成为磨炼你成长的机会。

因此，我们要敢于面对生活赋予的任何坎坷，将生活中的坎坷化作一个个成长的机会，用自己的坚韧去跨越它，用自己的智慧去化解它。当所有的挫折在你眼里成为成长的伴侣时，你就会真正体会到，经历坎坷的历练也是一种幸福。

温馨小提示

生活的意义在于理解人生，感悟人生，让我们每个人都学会从坎坷中成长，从生活中历练，从生活中收获坚强和超越！

面对生活的坎坷，作为青少年，要积极地面对，乐观地生活，做一个真正的强者。

战胜人生路上的挫折

在人的一生中，总会不可避免地受到不同程度的挫折。对各种挫折，青少年一代如能正确地面对它，认真分析受挫的原因，积极努力，顽强进取，那么他就能转败为胜，从逆境中走向成功。反之，也许就会坠入失败的深渊。

青少年一代要走向成长的道路，就必须要战胜人生中的挫折，要战胜挫折就要掌握战胜挫折的对策。

1.正确认识挫折

挫折，是人在实现自我目标的过程中，由于受到各种因素的干扰和影响，预定的目标不能达到，在心理上产生焦虑不安、灰心失望的情绪特征。在这个社会的大舞台上，背景变幻莫测，挫折在所难免，既然是这样，我们每个人就应该增强抗挫折的能力，而不是一味抱怨挫折的来临。

挫折使人生发展遇到困难和障碍，甚至使人陷入某种难以摆脱的困境和危机，直至影响到人的生活质量和未来的发展。

挫折易使人陷入痛苦、悲观、伤感，甚至绝望之中，不仅产生一系列的负性情绪，品味生活带给自己的苦涩，还容易产生极端的思想和行为，使认知失调、情感失调、行为失调，最终不仅自己的身心健康受损害，还有可能影响他人。

倘若屡遭不幸，超出了人的承受极限，还会导致精神崩溃甚至轻生。尽管如此，如果人们选择了对待挫折的不同态度，也会得到不同的结果。著名作家巴尔扎克说过："苦难对于一个天才是一块垫脚石，对于能干的人是一笔财富，对于弱者却是一个万丈深渊"。

挫折可以丰富人生经验，开阔胸襟，磨炼意志，焕发聪明才智；使人的生命更加充实，理想更加实际，思想更加明晰，人格更加丰满，处世更加老练，认识更加深刻。这就是积极看待挫折的结果。反之，如一碰到挫折就认为自己倒霉，自己无能，而产生轻视自己的消极情绪，丧失前进的信心，就很可能自暴自弃，一蹶不振，最终成为一个生活中的失败者，这就是消极看待挫折的结果。

青少年一代，是成长的一代，也是祖国的未来。正确认识挫折是每一个青少年必备的素质，也是健康成长的关键。

2.战胜挫折的对策

人生道路上不可能总是花团锦簇，没有挫折与坎坷。只有耐挫折能力强的人，才能战胜各种艰难险阻，才能将理想的风帆驶向成功的彼岸。坚强不屈、顽强拼搏是青少年必备的意志品质，让我们在正确认识这一挫折的基础上，战胜挫折，做一个生活的强者。

（1）要学会自我调节

想方设法用正确的观念来反驳不正确的观念，进行逻辑推理，最终产生积极的调节效果。比如在对待考试挫折时就可以做这样的认知评价：做了努力就一定能考上理想的大学吗？不一定。考不上大学就一片漆黑了吗？不，很多成功的人也没有读过大学啊。失败了，难道就不能再成功吗？也不是，经过多次考试才取得成功的人也不少啊……用名人受挫后走向成功的例子来鼓励自己，让自己充满成功的信心。想通了这些，目标明确了，就会用更积极的态度争取。

（2）正确分析挫折产生的原因

既要找到产生挫折的主观原因，又要分析挫折产生的客观原因。比如当你的一次考试不理想时，就可以这样分析主观原因的所在：是自己前段时间没有努力？是考试时没有发挥好？还是因为考试前没有休息好？然后再分析客观原因，是这次考试的题目过难？是考试的题目超过了所学的范围？还是因为其他的原因？

找到症结的所在，就找到了努力的目标，放松自己，努力拼搏，就能走向成功。

（3）确定适合自己的目标

每个人目标的确定都要符合自己的实际，目标过低不能充分发挥自己的实力；目标过高就会使自己面临着失败的危险。只有适合自己的目标，才能显示自己的长处。

（4）要学会自我慰藉

要时刻看到自己的长处，当失败来临的时候，对自己说：条条大道通罗马；"塞翁失马，安知非福"；这方面我是比较差劲的，可我也有许多其他方面的长处。让自己变得轻松起来，继续努力，不要让挫折感左右我们的明天。

（5）要正确分析失败后果

人生的精彩在于过程，失败只是一种暂时的结果。认真分析失败，变失败的压力为成功的动力。失败乃成功之母，以此不断激励自己，这样才能走向成功。

（6）学会合理宣泄

宣泄是战胜挫折感的一种有效方法。如将积压在心头的苦闷向亲人、朋友倾诉；或干脆痛哭一场，用眼泪冲走委屈。把自己的不满适当发泄出来，做一个轻松的人，在挫折中站起来。

总之，面对人生中的挫折，青少年要勇敢地面对，战胜挫折，走向成长的道路。

温馨小提示

挫折对于一个人来说，究竟是积极的还是消极的，是压力还是动力，是不幸还是挑战，一方面取决于挫折强度以及对个体的意义的大小，另一方面还取决于个体对挫折的承受力的大小。

作为一名青少年，面对挫折，我们应该积极地应对，变压力为动力，变不幸为幸运，这样才能创造辉煌人生。

挑战压力，永不退缩

大自然赋予了人类神奇的生命力，同时也给人类带来了永不停息的压力。压力从生命诞生的那天起，就与人们形影不离。从某种意义上说，人们无法从根本上消除压力的存在。

但是压力也给不同的人赋予了不同的意义。压力，是懦弱者不可任意逾越的鸿沟，是开拓者激发自身动力的源泉。因此，一个人要想获得成长，就不能逃避压力，要经得起压力的锤炼，并勇敢地向压力发起挑战。

人总是要面对压力的，因为压力是世界性的，无人不有，无时不在。它能带来喜悦，亦能带来悲哀。压力并非源于自身，外来事件才是压力之源。然而真正影响你身心健康的并非外来物，却是你对它的反应。我们要控制压力，挑战压力，切勿为它所控，为它所误。

1.要正确看待压力

压力就像一把双刃剑，压力太大，就会对人的心理造成伤害；没有压力，人就容易产生惰性，就不能前进。

压力能提高效率，但过犹不及。过大的压力往往出自过高期待之落空。压力过度，也会产生不良的生理和心理后果。

生理后果主要有：肾损坏、糖尿病及低血糖病、精力衰竭、心脏病、胃病、头晕目眩、心律失常、中风等。

心理后果主要有：专心和注意力的范围缩小、记忆力衰退、悲观失望、自我评价迅速下降等。

2.变人生压力为成长动力

要想变压力为动力，首先要做的是减轻"负载"。一般人之所以压力大，就是因为身心的负担过重造成的。减轻"负载"，可以通过写下你所看重的和你所背负的责任来进行，然后设置轻重缓急的级别，放下那些不重要的，做到轻装上阵。

要变压力为动力，就要正确看待自己，要明白超人只存在于滑稽剧和影片中。每个人都有自己的局限，自己要正确认识、接受你自己的"有限"，并且在达到你的极限之前停下来，减少不必要的压力。当压力到来使你已经产生压抑的感觉时，找你的父母、你的信赖的朋友或者心理辅导师来诉说你的感受，直接减轻你压抑的感觉，这有益于你客观、冷静地思考和计划。

另外，要注意饮食习惯，当人在压力之下时，我们常趋向于过量饮食，尤其是一些只会使压力增加的，无利于营养的食物。均衡地摄取蛋白质、维生素、植物纤维，有利于排除血糖、咖啡因、多余的脂肪、酒精和烟碱，这些或许可以减轻压力的影响。

确保一些必要的体育锻炼，这能使你更健康，并且有利于消耗掉多余的肾上腺素，缓解压力和伴随而来的焦虑。

当一个人长期处在一种压力下，却又苦苦不能打破，神经已绷至极限，马上要失去理智时，或当一种压力以偷袭的方式突然将你打得措手不及时，切忌失去耐性，孤注一掷或仓促应对，匆忙出手。此时应使自己的心绪平静下来，果断地给自己喊暂停。

生活压力是现代生活中很平常的一部分，我们每个人都有每个人的悲与喜。尽量的忽略压力，它是消极的成长因素的；尽量的接受压力并且积极地解决它，那么压力将会成为动力。

不要惧怕压力，不断去努力挑战吧！记住，不管压力有多大，只要努力，我们就能战胜他。让它成为我们前进的动力。

温馨小提示

从心理学角度来分析，压力是人们最普遍的心理和情感，适当的压力能唤起和发挥人的潜能，使人迸发出更顽强的毅力和创造激情。因此，青少年要正确对待压力，变压力为动力，用压力创造人生的奇迹。